本书是教育部人文社会科学基金青年项目"海外中国学研究成果用于高校思政课教学资源的路径研究"（项目编号：19YJC710094）的成果。

| 光明学术文库 | 教育与语言书系 |

国际视野下的
高校思政课教学研究

——基于海外中国学研究成果的教学应用

于国辉 ｜ 著

光明日报出版社

图书在版编目（CIP）数据

国际视野下的高校思政课教学研究：基于海外中国
学研究成果的教学应用 / 于国辉著 . -- 北京：光明日
报出版社，2022.3
ISBN 978-7-5194-6486-8

Ⅰ.①国… Ⅱ.①于… Ⅲ.①高等学校—思想政治教
育—教学研究—中国 Ⅳ.①G641

中国版本图书馆 CIP 数据核字（2022）第 039652 号

国际视野下的高校思政课教学研究：基于海外中国学研究成果的教学应用
GUOJI SHIYEXIA DE GAOXIAO SIZHENGKE JIAOXUE YANJIU：JIYU HAIWAI
ZHONGGUOXUE YANJIU CHENGGUO DE JIAOXUE YINGYONG

著　　者：于国辉			
责任编辑：史　宁		责任校对：钟　迪	
封面设计：中联华文		责任印制：曹　净	

出版发行：光明日报出版社

地　　址：北京市西城区永安路 106 号，100050

电　　话：010-63169890（咨询），010-63131930（邮购）

传　　真：010-63131930

网　　址：http：//book.gmw.cn

E-mail：gmrbcbs@gmw.cn

法律顾问：北京市兰台律师事务所龚柳方律师

印　　刷：三河市华东印刷有限公司

装　　订：三河市华东印刷有限公司

本书如有破损、缺页、装订错误，请与本社联系调换，电话：010-63131930

开　　本：170mm×240mm			
字　　数：187 千字		印　　张：15.5	
版　　次：2023 年 6 月第 1 版		印　　次：2023 年 6 月第 1 次印刷	
书　　号：ISBN 978-7-5194-6486-8			

定　　价：89.00 元

序　言

　　海外中国学作为海外学者研究中国的一门学问，正在成为影响中国意识形态安全的重要因素，并对新时代的高校思想政治教学提出了挑战。尽管海外中国学总体上仍受"西方中心主义"价值观的影响，但在21世纪以来也出现了一些变化，部分学者对中国特色社会主义的研究趋向理性和客观，对中国文化认同乃至借鉴的态度增多。基于此，习近平总书记在哲学社会科学工作座谈会上的讲话中，明确要求"支持和鼓励建立海外中国学术研究中心""推动海外中国学研究"。高校要培养中国特色社会主义事业的合格建设者和可靠接班人，就不能不重视海外中国学研究，通过引导大学生正确认知海外中国学，维护我国高校的意识形态安全。

　　从改革开放起，中国的历史学界就已经开始了海外中国学的研究，体现了中国学者的理论自觉性。海外中国研究可以追溯到早期的汉学研究，迄今已有两百年的历史，中国社会科学院最早成立了海外中国学的专门研究机构（何培忠，2013）。中国学可分为现实意义的研究和学术意义的研究两类，前者可为解决中国的现实问题提供有益借鉴和参考，后者则是有长远意义的基础性学术建设（汤一介，2010）。海外汉学家在研究中国问题的时候，出发点是本国问题，目的地是他们自己的故乡而不是为了中国（朱政惠，2010）。尽管海外的中国学研究与汉学研究有一定的区别，但中国本土学者一定要站在历史中国和当代中国的统一性上来把握域外的中国研究，这是我们一切研究工作的出发点（张西平，2017）。这些研究梳理了海外中国学发展的历史，但对中国道路研究以及意识形态安全的关注较少。

21世纪以来，马克思主义理论界鉴于海外中国学的话语转变，加强了对海外中国学的研究。海外中国特色社会主义研究基本可以分为海外主流中国学的现代化视角、西方左翼学者的替代性视角、海外学者政要的发展中国家视角和海外共产党的社会主义改革视角（冯颜利，2012）。国外学者对中国特色社会主义制度的研究涉及中国制度的发展、性质、特色、优势与缺陷、发展前景等问题，对于中国话语体系建设具有重要的参考价值（肖贵清，2011）。21世纪国外中共党史研究的主客观条件正在发生变化，做好应对工作对于增强中国话语权至关重要（梁怡，2015）。对海外学者的视角、方法、材料、成果、观点等进行跟踪和评析，有助于启发和提高党的建设的科学化水平（韩强，2016）。这些研究具有重要的学术意义，但较少关注思想政治教学方面的要求。

与此同时，马克思主义理论之外的部分学科，也根据各自的学科领域特点加强了对海外中国学的专题研究。中国的国家—社会关系是海外中国学的重要议题，市民社会理论与法团主义框架是分析中国社会的两大基本范式，二者均不适合中国的文化传统与社会结构（刘安，2009）。中国的社会思想也得到了海外学界的关注，其研究范式既有宏大的结构叙述模式，又有微观的日常生活实践，采用何者取决于研究者的个人取向和研究内容（于铁山，2011）。海外的中国文学研究绝非铁板一块，在全球化的浪潮中站稳自家脚跟是中国学者与汉学界对话的首要前提（陈平原，2011）。中国共产党领导下的法治进程得到海外学者的高度关注，其焦点在于中国法治建设的历史进程、现实状况、存在挑

战和发展趋势等方面（孙晓晖，2017）。这些专题研究体现了中国学者
关注海外中国学的学术自觉，但由于多数人缺少严格的马克思主义理论
教育和学术训练，在学术评价上显得力有不逮。

至于海外中国学与国家意识形态安全的关系，以及思想政治工作的
应对方案的研究则相对较少。海外中国学由于研究成果繁多而在中国有
一定的接受度，关注中国现实问题而具有明显的时代感，强调从材料出
发而带有一定的迷惑性，对中国的意识形态安全构成了严重的挑战
（张泽一，2014；郭云，2014）。海外中国学作为活生生的外来学术话
语，有可能给中国既有的文明基础带来深重的冲击和致命的紊乱，"使
国人在一系列悖反的镜像中丧失自我认同的最后基础"（刘东，2014）。
针对教学中的一些重点和难点问题，客观地介绍国外有价值的文献资
料，提炼海外中国学中可供借鉴的方法和案例，能够更好地发挥资政育
人的作用（石仲泉，2012）。思想政治理论课教师通过对海外相关文献
的分析，批驳那些片面的甚至明显错误的观点和言论，对帮助大学生划
清是非界限、澄清模糊认识具有重要意义（周文华，2018）。这方面的
研究更多的是在提出问题，如何结合思政课的教学内容运用海外中国学
则有待进一步的研究。

国外学者对于海外中国学与中国意识形态安全的关系，呈现出两种
完全不同的观点。西方右翼学者和政客将海外中国学视为影响中国政治
前途的知识工具，试图通过对中国知识的建构影响中国社会精英和专业
人士的看法，改变他们对中国共产党和中国政治制度的观念，其目的是
颠覆中国的政治经济制度（Matthew C. Stephenson，2010）。与此同时，
左翼学者和对华友好人士指出，马克思主义是中国的根本指导思想，中
国特色社会主义具有巨大的制度优越性（彼得·诺兰，2017），"西方
中心主义"的研究范式并不符合中国的切身经验和发展需要，中国必
须对西方的帝国主义话语予以批判和抵制（John Ross，2016）。显然，

国外左翼学者对中国经验的理论审视，以及对西方帝国主义话语的批判，更值得我们关注和重视。

纵观学术界的研究现状，国内学者更多的是从学术研究的角度，阐释海外中国学对于拓展研究视角、丰富研究方法等层面的积极意义，很少有学者去关注海外中国学与意识形态安全的关系。部分学者提出在课堂教学中引入海外中国学的材料，但是这一实践缺乏理论层面的有效支撑，如何运用，要注意哪些问题，怎样评价教学效果等还有待进一步的研究。我们需要开拓创新，有选择地将"外国人笔下的中国故事"作为思政课教学的重要素材，引导青年大学生正确地认识当代中国并坚定道路自信。

本课题的理论意义在于：一是推进海外中国学的研究，海外中国学研究要充分发挥马克思主义理论研究者和思想政治工作者的作用，推进中国主流话语与海外中国学的互动；二是推进思想政治工作理论的研究，思想政治工作要做到与时俱进，包容创新，就不能不重视海外中国学的研究进展；三是推进中国对外话语体系的建设，中国话语体系建设必须在坚持中国立场的同时，积极引入和借鉴海外中国学的合理内容，本课题为中国话语建设提供了重要的检验平台。

本课题的实践意义在于：一是扩展思想政治课教师的理论视野，增强教师进行意识形态工作的本领和能力，用"外国人笔下的中国故事"来丰富思政课的教学资源；二是满足当代大学生对海外中国学的浓厚兴趣，帮助大学生划清是非界限，澄清模糊认识，扩展当代大学生的国际视野和世界眼光；三是增强思想政治课教学的针对性和感染力，借鉴海外中国学的有益成果和话语方式，提升意识形态工作的实际效果。

于国辉

目 录
CONTENTS

第一章

中国改革开放前后两个时期的关系

——海外关于毛泽东的历史贡献的研究

中华民族具有 5000 多年绵延不绝的文明历史,为人类文明进步作出了不可磨灭的贡献。但是,由于封建制度的腐朽没落,中国在近代被世界快速发展的浪潮甩在了后面。1840 年鸦片战争以后,在西方列强坚船利炮的轰击下,中国危机四起,人民苦难深重,陷入半殖民地半封建社会的黑暗深渊。为了实现中华民族伟大复兴的梦想,毛泽东领导中国共产党人不懈探索,寻找救国救民道路,最终找到了马克思主义的理论信仰,改变了旧中国半殖民地半封建国家的社会地位,实现了让中国站起来的历史任务。

一、海外毛泽东研究的历史考察

毛泽东作为一位世界性的历史伟人,是海外中国学学者的重要研究对象。海外毛泽东研究是海外中国学的重要组成部分,反映了毛泽东和中国特色社会主义革命的世界影响。埃德加·斯诺、斯特朗、基辛格、谢伟思、蒙哥马利、施密特等人,都对毛泽东及其领导的中国革命充满兴趣,他们通过调研和写作,向读者展现毛泽东这位世纪伟人在外国人当中的生动形象。对于当代中国学者来说,把握海外毛泽东研究的宏观脉络,分析海外毛泽东研究的主要视角,有助于把握海外毛泽东研究的认知框架及发展趋向,汲取其有益成果,辨析其错误倾向。

（一）以新闻报道和传记为标志的初始阶段

20世纪30-40年代,西方记者的报道构成了海外毛泽东研究的起点。这一时期海外毛泽东研究主要以新闻报道的形式展现,西方记者关于毛泽东的研究既有对其个人性情的感性描述,也有对其信仰和主义的精到分析。在早期有关毛泽东的宣传报道和研究方面,埃德加·斯诺和斯特朗等人作出了历史性的贡献,尤其是前者通过实地采访发表了有关毛泽东的一系列报道,并在此基础上出版了引发世界关注的《西行漫记》。在斯诺看来,"毛泽东是一个令人极感兴趣而复杂的人。他有着中国农民的质朴纯真的性格,颇有幽默感,喜欢憨笑。甚至在说到自己的时候和苏维埃的缺点的时候他也笑得厉害——但是这种孩子气的笑,丝毫也不动摇他内心对他目标的信念……他博览群书,对哲学和历史有深入的研究,他有演讲和写作的才能,记忆力异乎常人,专心致志的能力不同寻常,个人习惯和外表落拓不羁,但是对于工作却事无巨细都一丝不苟,他精力过人,不知疲倦,是一个颇有天才的军事和政治战略家。"[1] 斯诺就中国共产党的抗日民族统一战线的政策等问题同毛泽东进行长谈,获得了对中国共产党认识和评价的第一手资料,并向世界传播了中国共产党的早期形象。

（二）以系统学术论证和学派论争为标志的发展阶段

这一时期主要是从20世纪50年代到70年代,海外毛泽东研究开始从新闻传记向学术论证转变,对毛泽东及其思想的理论化研究成为这一时期重要的特点。"毛主义（Maoism）"成为海外学者对毛泽东思想的习惯性简称,用以指代毛泽东思想指导下的中国革命和建设的基本经

---

① 埃德加·斯诺. 红星照耀中国［M］. 黄乐山译. 北京：人民文学出版社,2017：60.

验和模式。这一时期的代表性学者都是学院派专家，比较有名的包括费正清、史华慈、斯图尔特·R. 施拉姆、莫里斯·迈斯纳、哈里·哈丁等。费正清等人把毛泽东思想与中国实践作为自己的研究对象，取得了许多重要学术成果，奠定了自身在中国学界的地位。海外相继出版《中国的共产主义与毛泽东的崛起》《毛泽东》《中国的第二次革命》《历史天平上的毛泽东》等一系列著作，提出并论证了"毛泽东主义"这一新的分析范式，从学术的角度来论证毛泽东思想的发展过程和历史价值。当然，在美苏冷战的历史背景下，美国的毛泽东研究和中国研究不可避免地受到政治氛围的影响，麦卡锡主义对中国予以严厉批判和指责。这一时期的历史已经证明，美国的中国研究深受意识形态的影响。

（三）改革开放初期对毛泽东的历史性评价

中国的改革开放成为划时代的重大历史事件，不仅在实践上引出了中国特色社会主义道路，而且在理论上引出了毛泽东时代与中国特色社会主义的关系问题。党的十一届六中全会科学评价了毛泽东和毛泽东思想，这为海外学术界的研究提供了参照，与此同时，中国国内出版了大量有关毛泽东的著作，中国的对外开放为海外学者进入中国调查和研究提供了条件，这些都有助于海外毛泽东研究的进展。海外学者主要围绕毛泽东思想与邓小平理论的关系、毛泽东思想与当代中国的关系等问题展开研究。其中代表性研究者包括施拉姆等人，在多数学者看来，毛泽东是马克思主义的继承者和创新者，社会主义建设时期为中国的改革开放打好了重要的基础。毛泽东作为一名马克思主义者，展现出伟大领袖的特质，他灵活地运用马克思主义的基本原理，根据中国实际提出社会主义建设的方案，并最终动员中国最广大的人民群众爆发出巨大的能量。如果离开毛泽东时代打好的基础，中国特色社会主义事业就不可能取得今日的成功。

（四）以再认识和专题拓展为标志的深化阶段

进入 21 世纪以来，中国的持续发展及其前景引发世界的关注，越来越多的学者试图从毛泽东时代的历史中找到中华民族复兴和发展的历史密码。海外毛泽东研究进入第四个阶段，其重要特点在于引入了"中国大历史"的视角：海外学者加强了对中华人民共和国历史的研究，关注毛泽东的遗产与中国特色社会主义道路之间的关系，肯定毛泽东对中国特色社会主义的历史性贡献。毛泽东研究与当代中国研究相结合，反映了海外毛泽东研究的一种新趋向，这种新趋向丰富和拓展了毛泽东研究的深度与广度。在海外学者看来，毛泽东对中华文化采取了创新性发展的态度，充满着古为今用、去伪存真的辩证法，他既是中国伟大传统的继承者，又是中国统一以来第一次"打破旧传统的执政者"。毛泽东相信这个国家一定可以实现伟大复兴，但同时又必须破除古老文化的腐朽，只有这样才会使中国"重新焕发青春"。在这个过程中，毛泽东展现出伟大领袖的特质，动员中国最广大的人民群众爆发出巨大的能量。① 海外学者对毛泽东研究的大历史视角，超越了狭隘的自由主义学术话语，揭示了毛泽东与当代中国伟大复兴的联系。

二、毛泽东与中国的现代国家建构

海外学者对毛泽东完成国家政治统一的贡献的研究，体现了更多的中国本位观，他们能够从近代中国四分五裂的历史背景出发，认真审视毛泽东在国家统一中的贡献，以及他所建立的"强政府"在改革开放以来的历史时期中的意义。在论证过程中，海外学者更注重比较和实证

---

① 基辛格. 论中国［M］. 胡利平，林华，杨韵琴，等译. 北京：中信出版社，2012：87-88.

的研究方法，这无疑增强了论证的说服力，值得中国学者借鉴。按照米格代尔的观点，改革开放意味着中国规则体系的某种变化，但是政府在这一体系中的主导能力却是不变的，正是这种主导能力构成中国政治制度的核心优势，中国经验意味着国家在经济社会发展中的极端重要性。

（一）中国共产党的干部体系更趋成熟，形成高效的政府人力资源

毛泽东十分重视党的高级干部队伍建设。毛泽东指出："我们党的组织要向全国发展，要自觉地造就成万数的干部，要有几百个最好的群众领袖。这些干部和领袖懂得马克思列宁主义，有政治远见，有工作能力，富于牺牲精神，能独立解决问题，在困难中不动摇，忠心耿耿地为民族、为阶级、为党而工作。"① 加州大学洛杉矶分校教授、中国研究中心主任王国斌（R. Bin Wong）对此予以高度肯定：1949 年以后的政府体系更加庞大和复杂，它在道义性的、物质利益性的和强制性的资源方面，都超过了 20 世纪以前的政府体系。这其中尤其需要注意的是地方干部的角色，"较之过去的地方精英，今日的地方干部的政治地位更为正式，角色更为明确"②，地方干部已经成为当代中国渗透地方社会的重要象征之一。这意味着中国共产党拥有维护国家统一的能力，并取得了巨大的成功。

毛泽东高度重视反腐败工作，致力于建设廉洁政府。毛泽东始终高度重视反腐倡廉工作，留下许多彪炳史册的成功经验和宝贵精神财富。毛泽东反腐倡廉思想内容极为丰富，在其思想体系中占有重要地位，不

---

① 符永康. 专访尼共（毛）主席：中共反腐启发我们，中国新闻网，2014－7－6，https：//www. chinanews. com/gj/2014/07－06/6355640. shtml.

② 王国斌. 转变中国：历史变迁与欧洲经验的局限 [M]. 李伯重，连玲玲，译. 南京：江苏人民出版社，2005：141.

仅是中国革命取得最终胜利的重要指导思想，而且在中华人民共和国成立初期，营造了世间罕见的清廉氛围，为社会主义建设事业的顺利进行提供了重要保障。在尼泊尔共产党（毛主义）主席莫汉·巴迪亚看来，毛泽东一生最重视的工作便是从严治党，防止党的变质，防止军人党员特别是干部队伍被腐蚀腐化，中国共产党的反腐败经验有借鉴的价值。尼共副主席加朱列尔谈到毛泽东的名言"为人民服务"，他说："反腐是必要的措施。所有国家的共产党都应该是为人民服务的。如果一些党员不再为人民工作，而是为自己服务，就应该坚决剔除出去。"

（二）毛泽东领导中国的社会革命，实现现代国家的建构

毛泽东领导建立的新政府实施了一系列的国家能力建设，这有效增强了中国政府的治理能力。建立了一系列华盛顿大学政治学系讲座的乔尔·S. 米格代尔（Joel S. Mtgdal）教授在《强社会与弱国家》一书中指出，毛泽东通过领导中国革命创建了中国历史上从未有过的"强政府"体系，这一政府体系拥有五方面的杰出能力：国家对社会的渗透力、成功汲取资源的能力、为特定目标分配资源的能力、规制人们日常生活的能力以及提供象征性符号（意识形态）的能力。正是这些强大的国家能力，构成了中国与其他发展中国家的根本区别：中国政府得以超越各种地方性的势力、利益集团和外部势力的羁绊，为整个国家提供统一而高效的规则体系，动员各种资源以推动国家的建设。相比之下，多数实行自由民主制的发展中国家都欠缺足够的国家能力，"弱政府"在推动国家现代化的进程中举步维艰。①

（三）毛泽东领导建立强大的政府体系，应对各种挑战和危机

作为英国伦敦政治经济学院院长，安东尼·吉登斯（Anthony Gid-

---

① 米格代尔. 强社会与弱国家 [M]. 朱海雷，译. 南京：江苏人民出版社，2009：287.

dens）指出，所有的欧洲国家在早期都经历了一个"垄断暴力工具的过程"——如果没有一个强有力的政府体系，经济发展所造成的社会分裂后果就有可能将一个社会撕裂，这是阿富汗等国家经济停滞的重要原因。① 毛泽东的贡献在于他为中国创建了一个高度统一的中央政府，并"垄断"了所有的暴力工具，这种政治重建的好处在于两个方面：一是能够为整个国家的发展施加统一的规则体系，这是经济发展的前提条件；二是整合和凝聚经济发展过程中的利益群体，避免利益分化将这个社会撕裂。安东尼·吉登斯在一定程度上解构了民主促进经济增长的神话，在他的理论中，国家维持平衡的能力比民主选举本身更重要，正如中国政府一再强调的，中国必须在改革、发展与稳定之间寻求动态的平衡。

毛泽东塑造了中国政府扎根社会的能力，能够更有效地应对各种危机。中国与其他社会主义国家的不同之处在于，它经历了毛泽东时代的革命性过程，这一过程塑造了中国共产党扎根社会的强大能力。这种能力使得中国共产党经受了"20 世纪后期世界社会主义运动的低潮期"，并在之后成功应对了洪涝、地震、金融危机、分裂主义等的威胁。中国政府能够在第一时间拿出有质量的决策方案，并迅速动员各种力量以应对挑战，这种决策的速度和能力是其他国家望尘莫及的。在新的历史环境下，中国共产党正在动员各种力量以解决环境污染和生态破坏的难题，这已经成为中国最重要的制度优势。②

（四）中国共产党建立强大的组织体系，维护国家的主权独立

美国乔治·华盛顿大学教授沈大伟（David Shambaugh）十分看重

---

① 吉登斯. 全球时代的民族国家［M］. 郭忠华，译. 南京：江苏人民出版社，2012：193.

② BELL D A, ASH T G, NATHAN A J, et al. Foreign Policy: Is the China Model Better Than Democracy? ［EB/OL］. Space Battles Website, 2015-10-19.

中国共产党在长期革命中所形成的扎根社会的强大能力，正是这种能力使得中国在改革开放以来度过了苏联解体等一系列的危机。中国共产党与东欧国家共产党的区别在于，前者的执政地位主要依赖于它自身领导的革命历史以及由此形成的扎根社会的强大能力，后者却是"在苏联军队及坦克的帮助下获得和维持政权"①。正是这一区别使得东欧国家的社会主义制度具有天生的脆弱性，它们在 20 世纪 90 年代随着苏联解体而发生政治上的倾覆。中国共产党却凭借毛泽东领导的革命历史以及新中国成立以后的基层政治建设，形成强大的组织和动员能力，这种能力使得中国共产党成为世界上最稳固的政治组织之一，并拥有了应对各种风险和挑战的强大能力。

三、毛泽东与中国经济的现代化

新中国在前三十年取得的发展成就超过绝大多数国家在起步阶段的情况，毛泽东为中国创建了一个以发展为己任的政府，这一政府具有强大的动员和发展能力。

（一）毛泽东领导确立了发展型政府，以政府的力量推动国家的经济发展

正如巴基斯坦拉合尔大学教授哈立德·曼祖尔（Khalid Manzoor Butt）在《毛泽东与邓小平时代的中国经济》一文中所指出的，毛泽东和邓小平都通过提出符合时代要求的经济政策，为中国的经济发展作出了贡献，"我们今天所看到的繁荣的中国是这些伟人们擘画蓝图的结果"②。毛泽东的贡献在于他为中国提供了历史上前所未有的"发展型

---

① 沈大伟. 中国共产党：收缩与调试［M］. 北京：中央编译出版社，2012：128.
② BUTT K M, SAJID S. Chinese Economy under Mao Zedong and Deng Xiaoping［J］. Journal of Political Studies, 2018, 25（1）: 169-178.

政府"，这一政府以赶超海外的发达国家为己任，具有强大的动员和发展能力，并取得了实质性的发展成就：中国在 1952—1957 年的工业生产总值的平均增长率高达 11.3%，超过了现代历史上任何国家在工业化初期的速度，发展成果惠及了包括西南边陲少数民族在内的绝大多数民众。①马思乐在书中运用了大量的原始数据，这使他的研究更为真实和可信。

这一时期，毛泽东领导大规模的基础设施建设，为经济的长期增长提供了条件。纽约大学杰出教授大卫·哈维（David Harvey）在《新帝国主义》一书中指出中国能够在改革开放后实现高速发展的重要原因在于，毛泽东时代进行了大规模的经济基础设施的建设。中国共产党成功地动员全社会的力量，兴建了包括铁路、公路、港口、水库等在内的"可以作为未来稳定的资本积累基础的基础设施"，中国的教育事业发展迅速，进行了大规模的扫盲运动，拥有较高质量的劳动力资源。② 相比多数发展中国家，中国在经济发展上的潜力和优势都是明显的，这种积累活力是中国成功吸引外资，并实现自身发展的重要原因。改革开放意味着中国经济发展新阶段的到来，而中国早在改革之前就已打好发展的基础。大卫·哈维的观点代表着相当一派左翼学者的认识。

（二）中国建立大规模的国有经济，成为中国经济现代化的重要支柱

在中华人民共和国成立 70 年的工业化历程中，国有经济始终占主导地位，是中国工业化的助推器，在推进工业化进程中发挥了重要的支柱作用，取得了举世瞩目的伟大成就。英国经济学家安格斯·麦迪森

① MEISNER M. Mao's China and After ：A History of the People's Republic ［M］. New York：Free Press, 1999：271-285.

② 哈维. 新帝国主义［M］. 初立忠，沈晓雷，译. 北京：社会科学文献出版社，2009：97.

（Angus Madd-ison）在《中国经济的长期表现》一书中指出，国有经济是推进中国工业化的支柱力量，使中国建立了完整的现代工业体系，大幅提升了自主创新能力，增强了工业经济整体实力和核心竞争力，为推进工业化进程作出了巨大的贡献。1952—1978 年，中国的国内生产总值规模增长了两倍，人均实际产出增长了 82%，劳动生产率增长了 58%，中国的经济结构出现了根本的转变。"在 1952 年，工业在国内生产总值中所占的份额相当于农业的 1/7，到 1978 年时，它几乎等于农业的份额……中国经济增长的加速主要归因于效率的提高。"①

德国《明镜周刊》驻华记者、中国问题专家弗朗克·泽林（Frank Sieren）从中国国有企业在改革开放以来所扮演的重要角色出发，认识到毛泽东时代的大规模国有化的历史贡献。他在《中国密码》一书中指出，毛泽东时代建设的国有企业虽然在 20 世纪 80 年代以来经历了大规模的改革，但它们在重要的行业领域中依然保持着稳定的存在，这种存在对于中国在与西方的竞争中实现产业结构的升级具有重要的意义。在中国加入全球化的背景下，来自西方各国的跨国公司垂涎于中国 14 亿人口的庞大市场空间，但又碍于中国的市场准入政策和行政法规，无法像在其他发展中国家那样长驱直入。在这种情况下，跨国公司不得不选择同中国的国有企业进行合作——中国国有企业凭借其政治地位和政策优势，拥有了"主人翁"的地位。②

（三）中国建立农村土地集体所有制，在此基础上的改革激发农业生产力

中国共产党巩固了中国的国家主权，推翻了所有其他形式的权力争夺者，实现了稳定、统一和独立的国家主权建设。在 1949 年以后，中

---

① 麦迪森. 中国经济的长期表现：公元 960—2030 年［M］. 伍晓鹰，马德斌，译. 上海：上海人民出版社，2016：59-60.

② 泽林. 中国密码［M］. 强朝晖，译. 贵阳：贵州人民出版社，2010：165.

国政府逐步建立起有效的集体农业制度，获得巨大的农业生产剩余，并将其集中用于国家的工业化进程，完成了19世纪以来许许多多国家建设者想要实现却没实现的事情。在新中国的经济建设中，正确处理农业与工业的关系是最重要的经验之一，也是中国超越多数发展中国家的原因。毛泽东时代的中国建立了集体农业经济，"聚集分散的农业生产剩余，并引导这些剩余用于城市的工业化建设"①。中国共产党领导人民初步实现了1850年以来中国追求的工业化的梦想与目标。如果不是因为中国在农业政策上的创新和努力，如果不是因为集体农业的贡献和付出，很难想象中国能够实现这样伟大的工业成就。

（四）毛泽东妥善处理中国的对外经济关系，为中国的发展营造条件

中国与苏联的经济合作取得重大成就，这有利于中国工业体系的建设。丁恩指出，中国大规模的基础设施建设是巩固国家政权的重要手段，在毛泽东时代，基础设施建设更是成为缔造现代国家的重要手段。中国在"一穷二白"的基础上建立了独立的、比较完整的工业体系和国民经济体系。从"一五"计划时期开始，国家以苏联援建的156项重点工程、694个大中型建设项目为中心，进行了大规模投资，逐步建成了一批门类比较齐全的基础工业项目，为国民经济的进一步发展打下了坚实的基础。全国人民节衣缩食支援国家工业化基础建设的情况下，尽管人民群众生活逐年改善的幅度不大，初步满足了占世界1/4人口的基本生活需求，这在当时被世界公认为一个奇迹。②

英国学者安格斯·麦迪森研究了毛泽东时代中国的对外关系对于中

---

① 孔诰烽. 中国为何不会统治世界 [M]. 沈莉，译. 北京：中信出版社，2016：42.

② DINH T V . Infrastructure Construction as Empire Consolidation in Chinese History [M] // CHONG A, PHAM Q M. a critical reflection on China's Belt & Road Initiative . Singapore：Palgrave Macmillan, 2020：81-93.

国经济增长的影响。在20世纪50年代，中国已经与苏联和其他社会主义国家进行对外贸易，这不仅反映了政治上的亲密关系，也带动了新中国成立初期的工业化步伐。"从共产主义国家集团进口的设备大约占20世纪50年代对机械制造业投资的1/3，这对中国的军事发展也是十分重要的。"① 中国不仅已经能够自行设计和批量生产汽车、飞机、拖拉机等，而且成功地引爆了原子弹、氢弹，试制并成功发射了中远程导弹和人造卫星。新中国在旧中国遗留下来的"一穷二白"的基础上，建立了独立的、比较完整的工业体系和国民经济体系。当然，后期中苏关系的恶化，以及苏联从中国撤走技术人员，也给中国的投资和工业发展带来巨大的影响。

在与西方国家的外交关系上，中国努力与西方国家建立更为密切的联系。安格斯·麦迪森指出，1957年，英国、日本和大多数西方国家已经取消了对中国的禁运，美国对中国的资产冻结和武器禁运在中美建交后初步终止。在新中国进行社会主义建设的30年间，中国政府已经跟很多西方国家建立了外交和经贸关系，20世纪60年代，中国从澳大利亚和加拿大进口粮食，1971年中国恢复在联合国的合法席位，1972年中国同美国和日本的关系通过国事互访得到改善，1978年中国轻制造业产品已经占总出口额的一半。② 总体来看，中国贸易对象的地理分布出现了明显的多元化，这使中国在国际舞台上更为独立和自主，也使中国经济能够更好地抵御苏联解体带来的冲击。

中国与西方资本主义国家存在经济往来，这为中国开辟了广阔的国际空间。哈佛大学经济学教授德怀特·珀金斯（Dwight H. Perkins）在《东亚发展：基础与战略》一书中认为，在1978年中国改革开放的前

---

① 麦迪森. 中国经济的长期表现：公元960—2030年［M］. 伍晓鹰，马德斌，译. 上海：上海人民出版社，2016：93.

② 同上，94.

夕已经形成了两个有利因素：第一，中国拥有稳定的物价和供应能力，毛泽东时代的中国"几乎没有通货膨胀"；第二，中国早已经调整并扩大了自身的国际贸易空间，除了与苏联领导的经济互助委员会贸易系统有联系之外，还与西方的市场经济国家有着频繁的贸易往来，涉及制造产品、农产品和自然资源产品——西方于1971年解除了对中国的禁运。相比之下，越南在1989年的改革前夕已经发生了非常严重的通货膨胀，超过了60%，并且它几乎只与苏联集团有外贸往来，高度依赖苏联的资助。当1991年苏联资助结束，经济互助委员会消失，"越南因此面临了一场潜在严重后果的经济浩劫"，中国却因为自身贸易对象的多元化，削弱了苏联解体所带来的冲击。[①]

四、毛泽东时代的社会民生建设

十月革命一声炮响，给中国送来了马克思列宁主义。毛泽东毅然选择了马克思列宁主义，选择了为实现共产主义而奋斗的崇高理想。在此后的革命生涯中，不管是"倒海翻江卷巨澜"，还是"雄关漫道真如铁"，毛泽东都矢志不移、执着追求。马克思列宁主义，为中国人民点亮了前进的灯塔，使中国人民有了前进的主心骨。海外学者从社会文化维度，审视了毛泽东的历史贡献，肯定了毛泽东思想的当代价值。中国特色社会主义伟大事业继续向前推进。

（一）毛泽东领导社会解放运动，建立人人平等的社会主义社会

改革开放以来中国共产党对马克思主义和社会主义意识形态的重视，对社会平等和公正的强调，意味着毛泽东提出的"为人民服务"

[①] 珀金斯. 东亚发展：基础与战略 [M]. 颜超凡，译. 北京：中信出版社，2015：121-122.

的思想依旧是共产党执政的方向性指南。① 中国共产党能否真正贯彻"为人民服务"的执政理念，已经成为中国人民判断中国共产党执政合法性的主要标准，同时也是中国共产党自我定位和发展的关键导向。

曾任德国驻华大使的康拉德·赛茨认为，中国传统的儒家文明虽然有辉煌灿烂的一面，但也有过于压抑和内向的问题，尤其是严格的等级意识阻碍了现代市场经济的发展，这是中国在近代以来趋于落后的重要原因。毛泽东在思想文化领域的贡献在于，他通过领导土地改革、妇女解放以及各种群众运动，将传统文化中严格的等级意识彻底地打散，树立了人人平等的意识，"这样也就清除了中国经济发展上的障碍"②。中国的农民从此摆脱了传统文化的不利束缚，成为一张相对整洁的"白纸"，这为邓小平在1978年以后绘制市场经济的蓝图做好了准备。康拉德·赛茨的观点有其合理性，市场经济需要有一种基本的平等意识，中国传统文化强调的"士农工商"等级排序，确实不利于激发市场经济的活力，马克思主义作为一种诞生于工业社会的现代意识形态，为社会主义市场经济的发展提供了思想上的基础和前提。

（二）毛泽东领导建立大规模的公共卫生系统，提高人民的健康水平

中华人民共和国成立后到改革开放之前这段时期，毛泽东在医疗卫生工作方面有许多独创性的伟大实践。其中，开展爱国卫生运动，防治血吸虫病等传染病，建立农村合作医疗制度及"赤脚医生"队伍等，都是毛泽东亲自推动的。根据世界银行的统计数据，中国平均预期寿命从1960年的43.5岁上升到1978年的66.5岁，这便是农村地区医疗

① HOLBIG H. Remarking the CCP's Ideology: Determinants, Progress, and Limits under Hu Jintao [J]. Journal of Current Chinese Affairs, 2009, 38 (3): 35-61.

② 赛茨. 中国：一个世界强国的复兴 [M]. 许文敏，等译. 香港：国际文化出版社，2007: 39.

保障系统实现根本性改善的结果。尤其是 20 世纪 60 年代，中国在农村地区实行大规模的"赤脚医生"公共卫生计划，着力控制传染病的传播、降低婴儿的死亡率，提升人民的身体素质，民众的健康水平得到根本性的改善。国家培训了大量的卫生工作者，创立了一个服务于全民的公共卫生系统，中国人民的营养状况和健康状况都得到了大幅度的改善。

（三）毛泽东领导教育事业的发展，提升人民的文化水平

年轻的中华人民共和国卓有成效地接管和改造了旧教育，为创建新中国教育奠定了基础。为落实新中国教育方针，教育部分别规定了中小学教育的宗旨和任务，其他各级各类教育也相继确定了各自的宗旨和发展的主要目标，中国的教育事业逐步走上规范办学的轨道。孔诰烽在其著作中指出："毛泽东时代的发展成果，使中国拥有了一支庞大的农业劳动力后备军，他们具有良好的健康水平和较高的文化素质。"[1] 尤其是相较于多数发展中国家，中国的劳动力具有明显的优势。当 20 世纪 80 年代中国做出对外开放的决策后，庞大的劳动力大军得到释放，这是中国成功吸引外国产业资本的重要资源。

当然，中国吸收外资的有利因素还包括从事工业生产的国有企业，广泛的基础设施以及庞大的中国境内市场。安格斯·麦迪森在《中国经济的长期表现》一书中高度肯定了毛泽东的贡献，这一时期"人力资本的改善得益于教育和保健方面的显著进步"。[2]

---

① 孔诰烽. 中国为何不会统治世界 [M]. 沈莉，译. 北京：中信出版社，2016：48.
② 麦迪森. 中国经济的长期表现：公元 960—2030 年 [M]. 伍晓鹰，马德斌，译. 上海：上海人民出版社，2016：67.

五、毛泽东与马克思主义中国化

（一）毛泽东关于群众路线的思想，为中国共产党提供根本的路线

群众路线是中国共产党的生命线和根本工作路线，是党永葆青春活力和战斗力的重要传家宝。中国共产党坚持一切为了群众，一切依靠群众，从群众中来，到群众中去，把党的正确主张变为群众的自觉行动，把群众路线贯彻到治国理政全部活动之中。群众路线本质上体现的是马克思主义中关于人民群众是历史的创造者这一基本原理。

毛泽东提出和践行的"为人民服务"理念，是中国共产党执政合法性的主要来源。德国学者海克·霍尔比格（Heike Holbig）指出，毛泽东提出"为人民服务"的思想，旨在改变传统中国在社会等级上的严格观念，他要将政府的工作重心转移到为社会基层的民众服务的基础上，这种执政为民的理念迄今仍是中国共产党的政策指向。

（二）中国共产党坚持实事求是的路线，重视政策试验的作用

哈佛大学东亚研究中心主任托尼·赛奇（Anthony Saich）指出，"实事求是"作为马克思主义中国化的精髓和要义，在改革开放以前的政治决策中已经有所体现，试验也并不是改革以来的新生事物，"即使在毛泽东时代，中国实际上也允许各种各样的试验，如 20 世纪 50 年代的村办企业、特定区域引进外资等，这几乎是中国政府决策的一个传统"。① 毛泽东提出的"实事求是"的思想路线，以及他在决策中对实践经验的重视，都体现出一代伟人的胸襟和勇气。邓小平是毛泽东思想

---

① 赛奇. 转型的中国与中国的转型［M］//张冠梓. 哈佛看中国：政治与历史卷. 北京：人民出版社，2009：20.

的坚定继承者，他将"解放思想"与"实事求是"一起提高到党的思想路线的高度，并将这种重视"试验"的决策模式进一步发挥到极致，应用到中国的经济特区建设、地方政府创新等。托尼·赛奇认识到"实事求是"作为马克思主义中国化的精髓和要义，贯穿中国改革开放前后两个时期的政府决策模式，这种对决策模式的关注显然是一种重要的视角创新。

（三）中国坚持独立自主的发展战略，维护国家的主权独立

毛泽东坚持独立自主的发展战略，拒绝复制任何国家的模式，保证中国国家发展的独立性。阿里夫·德里克（Arif Dirlik）指出，毛泽东从建国伊始就确立了独立自主的决心，并通过强有力的意识形态工作维护党和国家在思想文化领域的自主性，这种独立自主的精神一直贯穿到改革开放后的今天，使中国得以按照自身的现实需要进行实事求是的改革，中国发展模式中被大力称道的"民族经济的一体化、自主发展、政治和经济的主权以及社会平等这些主题的历史和中国革命的历史一样悠久，是社会主义革命时期提出的"[①]。

著名演化经济学家、挪威学者埃里克·S. 赖纳特（Erik S. Reinert）指出，战后建立的发展中国家多数都缺乏对西方意识形态的抵御能力，它们对西方所灌输的一劳永逸的解决方案执迷不悟，相比之下，毛泽东时代的中国坚持了保守的对外经济关系，拒绝向西方经济全面开放，这为中国经济赢得了宝贵的"修炼内功"的时间，避免了"华盛顿共识的经济昏招渗透进来并产生破坏"[②]。在这段时间内，中国经济加速发展，积蓄力量，等到时机成熟国门打开时，中国的经济体制已经获得了强大的免疫力和竞争力，能够在与西方资本的竞争中保护自身并争取

[①]　朱可辛. 国外学者对"中国模式"的研究 [J]. 科学社会主义，2009（4）：26-29.

[②]　赖纳特. 富国为什么富，贫国为什么穷 [M]. 杨虎涛，译. 北京：中国人民大学出版社，2010：序 2.

胜利。

（四）毛泽东对传统文化采取批判性继承的态度，延续和保护中华文明

意大利左翼学者洛丽塔·纳波利奥尼（Loretta Napoleoni）在《毛式经济学》一书中指出，中国承载着传承与保护伟大文明的责任，"儒家思想将国家视为中华文明的代表和捍卫者，国家的主要作用就是维护儒家文明的统一性与延续性"①。政府不仅要维持基本的安全，确保法律的执行，还负有重要的道义责任，其目的是要维护文明的延续和发展。当近代中国因为西方列强的入侵而失去自我保护的能力时，毛泽东领导了中国的文化重建，这不仅成功地抵制了西方帝国主义的侵略，而且有效地维护了中华文明的生存权利。在今天的中国，中华文明正在经历伟大的复兴。相比之下，很多发展中国家都因为西方的文化入侵，失去了自身历史文明的立足点。洛丽塔·纳波利奥尼并不认为毛泽东对儒家文化采取了全盘否定的态度，相反，这是一种在批判中的继承与创新。

六、毛泽东的世界贡献与对人类的意义

和平共处五项原则已经成为国际关系基本准则和国际法基本原则。和平共处五项原则精辟地体现了新型国际关系的本质特征，是一个相互联系、相辅相成、不可分割的统一体，适用于各种社会制度、发展水平、体量规模国家之间的关系。1955年，万隆会议通过的十项原则是对和平共处五项原则的引申和发展。20世纪60年代兴起的不结盟运动

---

① NAPOLEONI. Maonomics：Why Chinese Communists Make Better Capitalists than We Do [M]. New York：Seven Stories Press, 2012：78.

把五项原则作为指导原则。1970 年和 1974 年联合国大会通过的有关宣言都接受了和平共处五项原则。和平共处五项原则为当今世界一系列国际组织和国际文件所采纳，得到国际社会的广泛赞同和遵守。

（一）毛泽东提出"中间地带"的理论，坚决反对帝国主义的侵略

韩国国际问题专家李元琼（Clee Wonjune）认为，热爱和平、保卫和平是中华民族的天性。但是，为了持久的和平，就必须通过战争来消灭战争，用革命战争反对反革命战争。近代以来，由于饱受列强欺凌，反对帝国主义和封建主义的统治，争取民族独立和人民解放，成为中国无产阶级及其政党必须解决的一大历史任务。冷战初期，两极国际体系开始形成，毛泽东提出了自己对世界新秩序的分析，即所谓的"中间地带论"。毛泽东承认美国和苏联已经成为世界政治中的两大霸权，同时强调了"中间地带"的重要性，即在全世界进行反帝反美斗争。"以社会主义和资本主义两种不同社会制度的冲突为基础的世界新秩序，被毛泽东重新解释为美帝国主义政策与'中间地带'抵抗之间的矛盾成为'主要矛盾'的世界秩序。"①

还有学者指出，毛泽东在对外关系上非常克制，在最大程度上维护中国的和平外交环境。"在朝鲜战争期间，他的态度一直比较审慎，直到美军北上直逼中国边境，他才决定出手。在外交政策上，他的立场令人惊讶得非常克制和温和，包括对台湾。"②

（二）中国坚持独立自主的发展模式，为后发国家提供经验借鉴

独立自主是中国共产党从中国实际出发，依靠党和人民力量进行革

---

① LEE W J. Mao Zedong's Foreign Policy Line Change before the Establishment of the PRC and its Significance ［J］. CHUNG-ANG SARON：Journal of Chung-Ang Historical Studies, 2016, 44：343-383.

② 6 位外国人看毛泽东：令人极感兴趣而高深莫测的人 ［EB/OL］. 中国共产党新闻网，2013-12-05.

命、建设、改革的必然结论。不论过去、现在和将来，中国始终把国家和民族发展放在自己力量的基点上，坚持民族自尊心和自信心，坚定不移走自己的路。独立自主是中华民族的优良传统，是中国共产党、中华人民共和国立党立国的重要原则。越来越多的海外学者认识到，中国在改革开放新时期的发展与进步，绝不仅仅是市场经济发展的结果，而与毛泽东时代有着紧密的联系。换言之，正是毛泽东时代为改革开放打好了基础，做好了准备，中国特色社会主义才能在这一基础上不断发展。环顾全球，其他发展中国家很少拥有毛泽东这样伟大的领袖，也没有经历过社会主义革命这样的阶段，这些脆弱的国家"被华盛顿共识引导下的自由贸易冲击而毁于一旦"①。也正是因为这一历史性的区别，其他发展中国家可以借鉴中国发展的经验，却很难复制中国的发展模式。毛泽东时代为中国在改革开放新时期的发展打下了基础。

（三）中国对发展中国家的经济援助，带动发展中国家的发展

中华人民共和国成立后，国内百废待兴。但从建国开始，中国即开始对外提供经济技术援助，援助对象首先是朝鲜、越南等社会主义国家。随着对外关系的发展，1955年万隆会议后，中国的援助对象已扩展至亚非20多个国家。20世纪60年代，周恩来总理在访问非洲十国期间，宣布的中国对外经济技术援助的八项原则，其核心是平等互利、不附带条件，受到发展中国家普遍欢迎，并成为中国开展对外援助的基本指导纲领。中国帮助毛里塔尼亚修建了公路、煤厂、港口、火电站、供水工程等项目。②

越来越多的学者认识到，中国的援助是无私的、无条件的。过去十

---

① 赖纳特. 富国为什么富，贫国为什么穷［M］. 杨虎涛，译. 北京：中国人民大学出版社，2010：序2.

② LI E M. China's Foreign Aid in Africa since 1956［J］. Quarterly Bulletin of Third World Studies, 2011, 51（2）：93-94.

年，中国重新成为非洲国家接受对外援助的重要来源。中国根据自己的选择提供援助，主要从四个方面挑战当前的对外援助模式：平等伙伴关系改变援助国与受援国的关系；因为中国注重互利的援助，改变现有的提供方式；中国坚持主权独立和不干涉内政，附加条件的使用受到挑战；因为中国倾向于单独处理主要的对外援助项目，多边主义受到挑战。中国对外援助超越了西方的援助模式，为非洲经济社会发展带来新的机会，中国的做法将为今后的对外援助提供参考模式和基本框架。①

七、海外毛泽东研究的评价与启示

毛泽东作为一位世界性的历史伟人，是国外中国学学者的重要研究对象。海外毛泽东研究是国际学术界毛泽东研究的重要组成部分。把握海外毛泽东研究的最新成果和宏观脉络，有助于审视海外毛泽东研究的认识框架及发展趋向，汲取其有益成果，辨析其错误倾向。需要指出的是，西方学术界对毛泽东政治贡献的认同者当中，并不全然都是马克思主义者，他们对中国政治体制的分析更多地着眼于强政府与国家发展、改革的关系，而不是中国的政治体制在实现人民当家作主层次上的意义。

（一）从中国大历史的视野中，阐释毛泽东对中国特色社会主义的贡献

在海外毛泽东研究的视野中，关注毛泽东的历史遗产与当代中国道路的理论和实践之间的关系，构成海外研究的重要特点。将毛泽东研究与当代中国研究相结合，反映了海外毛泽东研究的一种新趋向，这种

---

① KJØLLESDAL K A, WELLE-STRAND A . Foreign Aid Strategies：China Taking Over？[J]. Asian Social Science, 2010, 6 (10)：3-13.

"中国大历史"的视角无疑丰富和拓展了毛泽东研究的深度与广度。在此过程中，部分学者注重对毛泽东研究的方法论反思，一些学者对毛泽东研究的传统"经验主义"范式进行总结批判，为西方毛泽东研究新的理论生长点的发掘与全新理论图景的开启提供了一种可能性。越来越多的海外学者已经突破这种自由主义的窠臼，他们试图从中国大历史的视角来认识毛泽东时代的伟大贡献。

（二）重视经验和数据的研究方法，增强中国历史研究的说服力

这些学者从政治、经济和意识形态三个维度展开了讨论和研究，其中既有某些立场和观念上的狭隘性，又有不少有关中国特色社会主义历史的真知灼见，尤其是他们在研究中所采用的理论、视角和方法都有很多创新之处。这种研究格局本身就意味着海外中国学正在经历一种前所未有的范式转变，中国经验的主体性在海外中国学的研究得到进一步的彰显。实事求是，是马克思主义的根本观点，是中国共产党认识世界、改造世界的根本要求，是我们党的基本思想方法、工作方法、领导方法。毛泽东还把实事求是形象地比喻为"有的放矢"。毛泽东用马克思主义的"矢"去射中国革命、建设、改革的"的"，这是马克思主义中国化的精髓和要义。

（三）毛泽东研究的跨学科特点明显，不从属于任何单一学科的范畴

海外学术界在毛泽东研究领域呈现出视角和方法的多元化。从目前来看，毛泽东的研究者在学术流派上已经空前广泛，既包括马克思主义者，又包括文明多元论者，还包括部分自由主义学者，他们基于不同的意识形态，对毛泽东的历史贡献作出了各有特点的分析。不仅如此，在毛泽东的历史性贡献的研究中，各种研究方法都有体现，历史研究、比较研究和经验实证的研究方法都被运用于具体的研究中。这说明了对毛泽东的历史贡献的研究，已经突破了单一学科和方法的限制，成为各学

科的公共性议题，同时，也显示了海外在毛泽东的研究上已经达到一个很高的高度。

（四）加强与海外研究者的沟通，建构融通中外的毛泽东研究话语

一方面，海外学者对中国的关注意味着中国影响力的扩大，中国经验已经成为世界学术界的研究重心，海外学者的研究与中国本土学者的研究形成了良性的互动，世界中国学正在经历空前的繁荣与发展的新时期，这是中国话语体系建设的重要机遇；另一方面，世界中国学研究的竞争趋于激烈，在中国学者尚没有对中国经验给出有说服力的理论话语的情况下，海外学者正在进入这一领域，争夺解释中国经验的第一话语权，换言之，中国经验的话语权存在委与他人之口的风险。马克思曾经说过："他们无法表述自己，他们必须被别人表述。"中国学者必须时刻记住这一警示，更加主动、更加努力地投入中国话语体系建设的事业中来，在与海外学者的对话、争鸣与合作中，完成中国话语体系的建设，为世界的未来提供有影响力的中国方案。

第二章

党的领导是社会主义的本质特征

——海外关于中国共产党领导地位的研究

中国特色社会主义最本质的特征是中国共产党领导，中国特色社会主义制度的最大优势是中国共产党领导。坚持和完善党的领导，是党和国家的根本所在、命脉所在，是全国各族人民的利益所在、幸福所在。海外研究中国共产党和中国政治的研究成果越来越多，如马克林（Colin Patrick Mackerras）的《我看中国——1949 年以来中国在西方的形象》、李侃如（Ken Liberthal）的《治理中国》、彼得·诺兰（Peter Nolan）的《认识中国》、斯蒂芬·哈尔西（Stephen R. Halsey）的《追寻富强》以及乔·史塔威尔（Joe Studwell）的《亚洲大趋势：中国和新兴经济体的未来》等书。这些学者将从政治学、发展经济学乃至哲学等诸多视角，用大量的篇幅介绍中国共产党及其执政成就。相关的学术论文不断增多，中国共产党研究已然是世界学术界的重要议题之一。海外学者对中国共产党的研究，具有重要的理论意义和现实价值。海外学者从不同的视角和方法来观察中国共产党，并将中西方的政治制度进行比较研究，无论是其结论还是方法，对于深化党史党建研究都具有重要的启发意义。即使是部分海外学者对中国共产党的批评，也有助于我们更好地把握党的国际形象，并有的放矢地做好对外传播工作。

一、中国传统的政治治理体系

中国是一个有着连续五千年文明历史的国家。中国今天实行的社会制度是社会主义性质的，与历史上的各种制度体系有很大差别，但毫无疑问受到了中国历史传统的深刻影响，其中既有对传统制度文化的继承，又有对传统制度文化的否定和创新。在多数海外学者看来，中国的社会治理体系在古代一直领先于世界，并影响了当代中国的政治制度，有很多治理措施延续至今。只有深入了解中国古代治理理念和实践，才能深刻理解当代中国治理体系演变的文化基因，更好地理解中国制度形成的内生性质，才能正确地理解中国的外交政策和行为。

有学者从地缘政治的角度解释了中国实行大一统政治的原因。英国地理学家、地缘政治学家詹姆斯·费尔格里夫（James Fairgrieve）在《地理与世界霸权》中对人类历史上的超大型国家进行了深刻的研究。在他看来，中华文明的起源和发展受到地理环境的支配，其最重要的特点是长江与黄河构成的"江河环境"，这两大水道"有助于把本来有可能分裂成较小单位的区域团结在一起"。中华文明在长达两千多年的时间内一直维持着统一的局面，地理因素以及与此有关的大一统政权在其中扮演了重要的角色。当然，中国文化的高度同一性也起着重要的作用，而这同样与地理因素有关。"中国的凝聚力不仅依靠有一个强有力的中央政府，而且也得益于其人民的同一性，他们有相同的生活理想和风俗习惯，因为这里有大致相同的地理特征，或者说曾经有促使其相同的因素的作用。"①

日本著名汉学家、东京大学教授沟口雄三（Yuzo Mizoguchi）在

---

① 费尔格里夫. 地理与世界霸权 [M]. 胡坚，译. 杭州：浙江人民出版社，2016：212-213.

《中国的冲击》一书中认为，中国共产党在中国的执政地位是一种历史的必然，它所依据的马克思主义意识形态很大程度上是与中国的儒家传统相契合的。沟口雄三指出，社会主义在中国的土壤很早就存在着，这反映在中国民间的社会机制、生活伦理以及政治理念等诸多方面，中国需要一个强大的中央政府来实现社会的公平和互助。中国共产党和社会主义在中国绝非属于完全外来的东西，而是一种中国社会历史过程自身发展的逻辑产物。正如他所指出的，"正是在中国强有力伸展着的相互扶助的社会网络、生活伦理以及政治理念，才是中国的所谓社会主义革命的基础"①。以毛泽东为领导的中国共产党，最终和以梁漱溟为代表的儒家在中国社会主义革命的结果中达成了两条道路的统一。沟口雄三认识到，中国共产党的执政地位是中国社会由来已久的团结互助伦理的必然要求，这一观点显然具有很大的创新性。

政治学者弗朗西斯·福山（Francis Fukuyama）认为，中国共产党领导中国的政治体制，源于中国政治文明的历史传统。福山在《政治秩序的起源》一书中指出，中国是创造现代国家的第一个世界文明，通过考试选拔官员的制度完全不同于"父权制"，这是中国保持长期的大一统格局的制度原因。在他看来，当代中国政治制度的价值内核源于几千年的文明传统：一是强大的中央集权国家，国家机器和军队由中央政府掌握，而非欧洲那样由封建领主或教会掌握；二是高度发达的行政官僚体制，官员由公正、普遍的考试制度选拔，而非西方那样经由血缘世袭和门第操纵；三是政治对人民负责，集中体现为"民本主义"，强调当政者对人民负有道义责任，而非西方那样在特权阶层内部进行权力和利益的分配。② 正是这种不同于西方的政治文明传统，塑造了中国共

---

① 沟口雄三. 中国的冲击 [M]. 王瑞根，译. 北京：生活·读书·新知三联书店，2011：193.

② 福山，黄莹. 日本要直面中国世纪 [J]. 世界知识，2009（18）：7.

产党领导的独特政治体制，同时也为这一体制提供了文化上的合法性。① 他的基本理论框架认为国家、法治、民主责任制三者的平衡是善治的基本要求。

二、中国共产党领导现代国家的建设

中国的政治体制更能够做出高效的政治决策。与西方的多党竞争政治不同，中国共产党与其他民主党派的关系是一种协作的关系，后者必须支持前者的领导地位，并提供相关的咨询和建议。这种政党关系更为和谐，在遇到风险和挑战的时候，更能够做出高效有力的政策决策。近些年来，中国先后成功应对了洪水灾害、金融危机的挑战，这很大程度上归因于中国政治的高效决策能力，政府能够在第一时间拿出高质量的决策方案，并迅速动员国家和社会力量进行方案的实施，这种决策的能力和实践是西方国家所望尘莫及的。因此，有西方学者认为，中国的政治体制有可能是日益陷入僵局的西方民主制的最佳替代。

（一）中国共产党建立强大的组织体系，维护国家的统一和稳定

中华人民共和国建立以来，中国共产党提供了大一统的政府体系，确保了多民族国家在政治上的统一。正如新加坡外交学者马凯硕（Kishore Mahbubani）所说，"经过长达一百多年的无政府状态和暴政统治，中国正在经历数代以来最好的统治阶层"②。近代以来的中国曾经历了重重混乱：反对帝国主义的战争、废除帝制的革命、军阀混战、日本侵略……毛泽东结束了中国的分裂局面并建立了统一的中央政府，通

---

① 福山. 政治秩序的起源：从前人类时代到法国大革命 [M]. 毛俊杰，译. 桂林：广西师范大学出版社，2012：145.

② KISHORE MAHBUBANI. Beyond the Age of Innocence：Rebuilding Trust between America and the World [M]. New York：Public Affairs, 2005：34.

过党和国家的组织体系把政府权力覆盖到最偏僻的农村和地区，这种"政权坚强"的特性成为中国发展的最大优势。中国今天的这套社会制度是中国历史发展的必然，也是世界社会主义潮流发展的必然。①

《格伦维尔邮报》驻北京记者杰夫·J. 布朗（Jeff J Brown）在其著作《中国崛起》中指出，中国共产党作为中国的领导者，带领人民取得了重大的历史成就，他们通过努力已经克服了人类所知的几乎每一个灾难：饥荒、毒瘾、内战、侵略、贫困和耻辱，成为世界上最伟大的力量之一。②

加拿大西蒙菲莎大学教授赵月枝也认识到党的领导对于国家统一的重要意义。中国人民经过长期探索最终选择了中国共产党，在党的领导下，中国取得了新民主主义革命的胜利，实现了民族独立和人民解放，然后走上了社会主义道路。在社会主义建设中，中国曾学习苏联模式，取得了重大的历史成绩，但也出现了很大失误。改革开放后，中国探索出一条中国特色社会主义道路，形成了一套相应的制度体系，并取得了巨大成功。"如果没有中国共产党的坚强领导，如果放弃马克思主义，如果抛弃中国特色社会主义，中国社会很可能就会长期陷入混乱，甚至分崩离析。"③ 中国选择中国共产党的领导，选择马克思主义，在某种程度上是中国历史的必然选择。

（二）中国共产党从全国范围内选拔人才，提高干部的综合素质

中国共产党选拔最优秀的人才。撰写《邓小平时代》的哈佛大学教授傅高义（Ezra F. Vogel）认为，中国共产党继承并发展了中国古代

---

① 吉尔平. 国际关系政治经济学 [M]. 杨宇光，译. 上海：上海世纪出版集团，2006：269.

② BROWN J J. China Rising：Capitalist Roads, Socialist Destinations [M]. New York：Punto Press, LLC, 2017：5.

③ 张保权，赵月枝. 马克思主义：当代中国意识形态的旗帜和方向——与加拿大西蒙菲莎大学赵月枝教授的对话 [J]. 中国特色社会主义研究，2013（6）：18-21.

通过考试选拔官员的制度，这为党的执政提供了重要的合法性依据。早在公元 605 年，中国就把科举制作为选拔政府官员的制度，是世界上第一个按照考试成就选拔官员的国家。傅高义指出，"邓小平重视精英治国的做法在中国有着悠久的传统"①，他留给接班人的，是一种精英主义的干部选拔制度，它遵循着与中国古代同样的通过考试选择干部的原则，但是，在内容和程序上又有许多新的突破和拓展。按照他的说法，中国还把精英治理的原则扩展到干部选拔体系之外，贯穿了各行各业的人才选拔和培训体系。

中国共产党具有严密的组织性和凝聚力，确保党作为坚强的领导组织。哈佛大学政府系教授罗德里克·麦克法夸尔（Roderick MacFarquhar）指出，中国共产党的中国模式与中国现代化走出了自己的新路，高层领导的凝聚力是发展中国家的一个主要优势。中国共产党的这种强大凝聚力，是使这个共产党国家取得巨大经济成就的一个关键因素。② 麦克法夸尔认为，对中国共产党的研究应该"特别关注中共高层领导人之间关系"，他们之间的革命友谊以及由此形成的强大凝聚力，是中国共产党取得一切成就的重要原因。③ 这些学者认识到的中国共产党的组织优势和能力，并反复提及的内部凝聚力，显然与美国的党派纷争构成了反差。在部分学者看来，中国人必须坚持自身的发展道路，高层领导集体的强大凝聚力是中国模式的巨大政治优势，美国式的民主政治和现代化模式不适合中国。

（三）中国共产党坚持民主集中制的原则，做出民主高效的决策

民主集中制是马克思主义组织理论的精髓，也是一种符合中国现实

① 傅高义. 邓小平时代 ［M］. 冯克利. 译，北京：生活·读书·新知三联书店，2013：648-649.
② MACFARQUHAR R, SCHOENHALS M. Mao's Last Revolution ［M］. Cambridge：Belknap Press of Harvard U P，2006：43.
③ 路克利. 凝聚力：中国模式的巨大政治优势 ［N］. 北京日报，2017-06-26.

的决策模式。很多海外学者都对民主集中制在中国政治实践中的应用赞誉有加，正是这一决策模式及其背后反映的特殊哲学，为中国的改革开放提供了一种最有效的程序和方案。印度经济学家阿嘎瓦拉（Ramgopal Agarwala）在其著作中写道，中国的成功绝不是偶然的，而是源于邓小平等领导人所采用的改革哲学和决策模式，这种模式注重"自上而下与自下而上的结合"，以及坚持自身特色与借鉴国外经验的结合。采取渐进改革的方式，避免休克疗法；根据现实情况安排改革步骤；通过过渡阶段来变革所有权以提升效率；重视社会资本的作用，这四点构成了中国改革的经验，其背后是马克思主义的哲学特质。①

　　中国共产党形成包容性的治理模式，能够适应大国治理的需要。2015 年 10 月，丹尼尔·贝尔（Daniel Bell）在美国《外交杂志》刊载的有关中国政治制度的辩论文章中指出，治理一个大国的最理想的模式应该是在政府高层实行精英制度，在底层实行民主制度，在中间层面允许各种不同的试验。中国共产党的卓越之处在于，它将中国传统的选贤任能的体系进一步制度化，党通过严格的考试选拔官员，并对他们的政绩和能力进行评价，以此决定他们在文官体制内部的升迁。这种体制可以有效地选拔出具有卓越品质的国家领导者。相比之下，西方的民主制仅仅适用于彼此相识的小社区，这种情况下民众能够对领导人的素质与能力有相对清晰的判断，但一旦被挪用到大国治理时，民主选举就会因为大众媒体、利益集团的干预而发生变形，无法保证最优秀的领导人被选出来。② 相比之下，中国共产党增强国家的战略能力已经成为全球化背景下的必然要求，中国的政府体制很好地适应了这一历史性趋势。

────────────

① 阿嘎瓦拉. 中国的崛起：威胁还是机遇？［M］. 陶治国，刘强，于霞，译. 太原：山西经济出版社，2004：58-62.

② BELL D A, ASH T G, NATHAN A J, et al. Foreign Policy: Is the China Model Better Than Democracy? ［EB/OL］. Space Battles Website, 2015-10-19.

（四）中国共产党坚持国家决策的自主性，巩固中国的主权独立

中国共产党扎根于中国社会基层，在国际政治中维护国家的主权利益。中国共产党能够在中国维护其政权，很大程度上是因为党在长期的革命历史中赢得了民众的支持，并深深地扎根于中国的社会中。不像那些在苏联军队及坦克的帮助下获得和维持政权的共产党，中国共产党具有本土及民族主义的基础，能够更好地维护国家的主权安全。相比之下，很多东欧国家的政党不过是苏联扶持下的"浮萍"，很容易就被群众性的浪潮所冲走。改革开放以来，中国共产党还通过大众媒体的管制、法律的约束、私企党建等各种手段，在自我调整的同时扩大了自身的权力。①

中国共产党维护国家的经济主权，最大程度上保护国家的发展利益。中国共产党能够凭借其强大的实力，切实坚持独立自主的原则，维护国家的根本利益。正如埃及学者萨米尔·阿明（Samir Amin）所说的，中国是唯一名副其实的新兴国家，其他的所谓新兴国家中，没有一个能够坚持独立自主的发展战略，他们的所有经济部门都完全服从于西方的资本主义原则。换言之，正是因为中国共产党领导建立了"强国家"，中国才能够不屈服于西方的各种压力，真正从自身的国家利益出发，做出正确的决策，并有效地付诸实施，这是中国成功的最重要经验之一。挪威学者埃里克·S. 赖纳特就此指出，中国政府能够真正摆脱外部力量的干预，切实遵从独立自主的原则，这是中国在全球化环境下实现发展的重要原因。

---

① 马克林. 我看中国——1949 年以来中国在西方的形象 [M]. 张勇先，吴迪，译. 北京：中国人民大学出版社，2013：137.

三、中国共产党与发展型国家

中国共产党的领导地位是中国经济发展的根本制度原因。发展型国家是中国比多数发展中国家更为成功的制度原因，正是因为毛泽东领导建立了强大的国家政权，中国获得了更为有利的政治和制度条件，能够动员各种社会资源全力推动国家的发展，而不被任何利益集团、外国政府或跨国公司所胁迫。发展中国家应该注重对中国经验的学习，重视发展规划、基础设施、经济监管等，这是建设现代国家、实现经济发展的基本方略。

（一）中国共产党制定经济发展的长期规划，引导国家发展的方向

社会主义市场经济有着很强的规划性，这是中国经济增长的重要经验和基本原则。克耶尔德·埃里克·布尔德斯加德（Kjeld Erik Brods-Gaard）和科恩·鲁顿（Koen Rutten）考察了 1953—2016 年中国经济发展的总体轨迹，试图从中发现中国本土经济话语与经济政策制定的关系。二人认为，通过一系列的经济发展项目实现"加速积累"，这是中国计划经济时期的经济原则的核心。改革开放以来，中国的经济体制出现了比较大的调整和变革，社会主义市场经济无论在制度形式还是理论基础上，都与早期的计划经济体制有着很大的不同。但是，国家发展规划在经济政策制定和实际发展过程中仍旧起着非常大的作用，这体现了中国经济体制的某种连续性，其中最重要的就是"经济政策制定仍然依赖于加速积累的原则"。重视发展规划是中国特色社会主义制度不变

的特点，又是中国经济增长的经验和原则。①

　　这种规划性得益于中国共产党内有着熟悉经济事务的干部，着力推动当地的经济发展。中国共产党内有大批熟悉经济事务的官员，他们在国家的经济发展中扮演了重要的角色。美国普林斯顿大学经济学教授邹至庄（Gregory C. Chow）在《中国经济转型》一书中，高度肯定了中国共产党的领导干部在推动经济发展中所起到的重大作用。"在中国，政府官员帮助推动经济发展的传统由来已久"，政府官员制定特定的产业政策，并选拔和协调企业家群体来完成既定的产业目标，这是中国发展的重要经验。当然，这有赖于党内很多优秀的"企业家型干部"，他们受过良好的高等教育，知识丰富，训练有素，有着极高的经济事务素质，能够作出明智的产业决策。② 瑞士洛桑国际管理发展学院教授乔治·豪尔（Georges Haour）持有相同的观点，中央政府制定中国经济发展的长远目标，国务院各机构以及地方政府负责这一目标的贯彻和落实，中国政府在国家的创新发展中起到了其他国家不曾有过的巨大作用。③

　　在必要的情况下，政府也会为市场经济提供必要的基础设施，以更好地推动经济增长。未来学家约翰·奈斯比特（John Naisbitt）在其所著的《中国大趋势》一书中指出，中国从来没有想过像西方那样走自由资本主义的道路，社会主义市场经济体现着中国对自身历史传统的继承和创新。邓小平坚持了社会主义这一大的政治框架，在此之内制定新

---

①　BRØDSGAARD K E, RUTTEN K. From Accelerated Accumulation to Socialist Market E-conomy in China: Economic Discourse and Development from 1953 to the Present ［M］. Leiden: Brill , 2017: 5-9.

②　邹至庄. 中国经济转型 ［M］. 徐晓云，牛霖琳，石长顺，译. 北京：电子工业出版社，2017：375.

③　泽德维茨. 从中国制造到中国创造：中国如何成为全球创新者 ［M］. 许佳，译. 北京：中信出版社，2017：56.

的经济框架，这就是社会主义市场经济的由来。它平衡了社会主义的原则与现代化的物质需求，起到了一种"规划森林，让树木自由成长"的作用。必要的时候政府也会为森林"施肥"，这体现在政府在发展教育、提供基础设施方面的贡献。政府在基础设施建设中的作用构成中国经济发展的又一经验。① 党和国家为经济发展提供战略性的目标，但允许以市场经济的手段来实现这些目标，这是中国经济迅速增长并实现产业升级的重要原因。

（二）中央对地方的政绩考核，对于经济发展起到重要作用

英国学者马克·哈里森在《飞龙与困熊：比较视角下的中国崛起》一文中指出，"中国经济快速增长的关键因素在于中国地方分权的一党制体制"。他认为，中国共产党领导下的中央—地方关系，能够有力激发地方发展经济的活力和积极性。这种关系有力地激发了地方政府的活力，使得地方各省份围绕经济发展相互竞争，各地通过积极创新、吸引外资、发展实业，推动了本地区以及全国的经济发展。国外也有学者从地方分权和一党制体制出发，分析了其对中国经济发展的积极影响。地方分权和一党制体制通过竞争提高了中国体制内的创新能力，促进了私营经济的发展，成为中国经济发展的主要引擎。

中国共产党坚持国有企业的制度安排，构成国家现代化的重要力量。美国中国问题专家巴里·诺顿（Barry Naughton）在其著作《中国经济：转型与增长》的序言中指出，尽管中国的民营经济有了大规模的增长，但是中国政府及其控制下的国有企业在战略性部门仍旧占据主导作用，石油、电力、通信、金融等行业都掌握在国有企业手中，其他行业，如钢铁业、汽车业则是国有企业和民营企业共存，这些都与西方

---

① 奈斯比特 J, 奈斯比特 D. 中国大趋势：新社会的八大支柱 [M]. 魏平, 译. 北京：中华工商联合出版社, 2009: 61.

的私有经济模式有着本质的区别。国有资产监督管理委员会的成立，在中国的经济改革中具有重要的意义，这意味着中国政府的国有企业政策趋于成熟，并抑制了国有企业管理层私相收购的腐败行为，实现了国有企业改革的效率目标和社会目标。①

（三）中国共产党提供统一的规则体系，推动公共基础设施的建设

中国共产党注重保护产权，实施单一的规则体系（法治），建设世界一流的基础设施，为经济发展提供良好的制度条件。在美国政治学家乔尔·S. 米格代尔看来，任何国家的发展都需要一定的前期积淀，这突出地体现在公共基础设施的建设、教育的普及等方面。中国共产党能够有效动员社会力量，进行水库、公路等公共基础设施的建设，能够说服各个家庭对劳动力的短视，保证适龄儿童接受基本的教育。只有具备了这些基本的能力，国家才能实现长远的发展目标。改革开放以来，中国能够历经自然灾害、金融危机等的冲击而始终保持发展，很大程度上也是因为中国政府强大的动员能力。正是因为毛泽东时代所建立的强国家体制，中国才能够有效地应对各种危机和挑战，才能始终坚持中国特色社会主义的发展道路。②

（四）中国共产党对经济工作进行监管，避免经济动荡带来的风险

国际货币基金组织（IMF）在其评估报告中称，社会主义市场经济提供了严格的监管机制，这对于经济秩序的平稳运行至关重要。中国银行业的监管取得了显著进展，由积极的、前瞻性的监管机构——中国银

---

① 诺顿. 中国经济：转型与增长［M］. 安佳，译. 上海：上海人民出版社，2010：序 XI.
② 米格代尔. 强社会与弱国家［M］. 朱海雷，译. 南京：江苏人民出版社，2009：272.

行保险监督管理委员会牵头，具有明确的安全和稳健的授权。总部位于华盛顿的全球金融机构指出，随着进一步的开放，中国银行的创新和发展进一步加快，复杂性和风险同时增加，与此同时，中国政府的行业监管机构也更加完善，始终保持对金融证券行业的控制能力。①

四、中国共产党代表最广大人民的利益

中国共产党作为中国唯一的执政党，代表的是包括全国各民族、各地区、各阶层的共同利益，党能够着眼长远，妥善平衡彼此之间的利益关系。随着中国经济的发展达到一定水平，社会民众的贫富差距问题渐渐凸显出来，党必须为了普通的工薪阶层和农民群体的利益，调整经济利益的分配，更加重视社会公正。此外，党在各个群体间的平衡作用还体现在东北振兴、西部大开发等一系列的区域性经济政策上。正是因为这种平衡，党有效地维护国家的政治统一，实现了国家的持续发展。

（一）中国共产党代表劳动人民的利益，而不仅是富人集团的利益

中国共产党为了国家生产力的发展，鼓励非公有制经济的发展，吸引部分私营企业主进入组织，并非对财富力量的屈从，恰恰相反，党更好地确保了新兴阶层服从党的意志和要求。意大利学者洛丽塔·纳波利奥尼指出，中国共产党有效地对各种利益集团进行控制和约束，避免他们对国家公共政策的扭曲和干预，"将新生的商界权贵排除在国家权力之外不仅是中国社会的利益，也是儒家传统的观念"②。不仅如此，中

---

① 高小勇主编. 为什么是中国：诺贝尔经济学大师眼中的中国与中国经济 [M]. 贵阳：贵州人民出版社，2017：152.

② 纳波利奥尼. 中国道路：一位西方学者眼中的中国模式 [M]. 孙豫宁，译. 北京：中信出版社，2013：280.

国共产党还通过各种手段调节业已存在的收入差距，通过资源的配置和调整改善弱势群体的福利，以实现全面建成小康社会的目标。

法国学者托尼·安德烈阿尼（Fony AndréAni）写道：西方的私人企业资本集团在全球化时代获得了更大的权势，它们完全不顾及本国的就业需求，大量地将传统的生产岗位外包到人力成本更低的发展中国家，这种极其短视的业务造成了西方经济体的萎缩和凋敝。相比之下，中国的国有企业更多地致力于实体经济的发展，这使得国有企业能够更好地解决就业问题，并且这些就业相对来说更为稳定，更具有可持续性。国有企业的存在对于解决中国民众的就业问题有着重要意义，据统计，现有近3000万的职工在国有企业中就业。在迫不得已必须削减冗员、减轻负担的情况下，"国有企业在政府部门的鼓励下，建立了许多与自身行业毫不相关的子公司用于安置这类职工"①。

学术界的研究认为，中国的国有企业相对于西方的私有企业，更愿意通过降低工资而非裁撤雇员的方法来应对经济危机，这样显然更有利于职工的生存。中国共产党始终代表人民群众的利益，这与西方资本主义国家的利益集团政治有着根本性的区别。中国新兴的企业家阶层，并不寻求对政治权力的争夺，而是积极与政府的政策方向保持一致，他们在政治上是高度脆弱的，安于现状并且支持、服从共产党政府的领导。中国的这种政治—经济互动关系，与西方国家中资本集团对政治的影响是不同的。中国共产党始终代表无产阶级的利益。

（二）中国共产党代表城市和农村的利益，推动西部大开发工程

美国多伦多大学经济学教授劳伦·勃兰特（Loren Brandt）和匹兹堡大学经济学教授托马斯·罗斯基（Thomas G. Rawski）在《伟大的中

---

① 安德烈阿尼. 中国融入世界市场是否意味着"中国模式"的必然终结？［M］//王新颖. 奇迹的建构：海外学者论中国模式. 北京：中央编译出版社，2011：108.

国经济转型》一书中指出，中国共产党通过平衡不同区域的发展能力，促进了全国范围内的区域协调发展。他们指出，中国的改革开放进程形成了不同的利益群体，中国沿海地区的部分政商集团是其中受益最大的群体，他们相比内陆地区享受到更好的生活，并有可能形成阻碍中央权力的强大政治力量。中国共产党领导的强大的中央政府的意义在于，它能够克制地方性的利益集团及其影响，进而使得国家政策更有利于内地的发展和穷人的保护。①

与此同时，中国共产党照顾农民阶层的利益，不断提高对农村地区的投入和支持。中国共产党在土地革命战争时期，打土豪分田地。抗日战争时期，为了争取地主富农一同抗日，把土地政策改为减租减息。到了解放战争时期，又把土地政策改成没收地主的土地分给农民。无论怎么改、怎么变，农民都很清楚，中国共产党是为他们谋利益的，中国共产党领导的武装就是他们的子弟兵。中国的农村土地制度是"农业社会革命性地挑战全球资本主义的重要案例"。劳伦·勃兰特等人也指出，"中央所实施的政策更有利于农民、流动的农民工以及基本生活状况的改善"，这意味着中央政府对政治经济资源的分配正在"导向弱势和边缘群体"②。

（三）中国共产党保护少数民族的利益，巩固多民族国家的团结

欧洲对外关系理事会（ECFR）发布报告称，中国共产党将努力推动区域间的协调发展，减少不同地区和民族间的收入差距。中共十九大将"发展不平衡"定义为中国在解决温饱问题后的社会主要矛盾，这意味着中国政府"将把工作重点放在消除严重两极化和地区间发展差

---

① ［美］劳伦·勃兰特，托马斯·罗斯基. 伟大的中国经济转型：方颖，赵扬，等译. 上海：上海人民出版社，2009：666.
② 勃兰特，罗斯基. 伟大的中国经济转型［M］. 方颖，赵扬，等译. 上海：格致出版社，2009：107.

距的问题之上",这一做法反映了马克思主义的"平等"思想。①

美国欧柏林学院白瑞琪(Mac Blecher)在《不平等中的平等》一文中指出,在全球贫富分化不断加剧的背景下,中国通过其特有的政治和经济制度,已经在抑制经济不均衡和贫富分化方面做出了巨大的努力。② 中国始终坚持马克思主义的科学理论,其最重要的精神在于为全体人物服务,而不是仅仅服务于上层精英。中国正在从一个贫穷的发展中国家,变为一个共同富裕的社会主义社会。中国促进社会平等的努力和成就,在全世界不平等加剧的背景下,具有深远的世界意义。

(四)中国共产党依靠强大的公共财政能力,完善社会保障事业

彼得·诺兰观察到,党的十八大以来,中国正在"通过税收、社会保障和转移支付进行再分配调节",其目的是缩小中国的收入差距,扩大中等收入者的比重,实现更为公正平等的社会,最终实现全面建成小康社会的伟大目标。③ 经济学家黄亚生指出,中国共产党为人民提供了普惠的教育权利,中国拥有更好的教育基础。相比之下,印度的自由民主制在改善公共教育方面始终没有什么大的进展,这是因为民主制度更为关注选民的短期利益,而与国家的长远利益和人民的生活愿望相距甚远。④

---

① STANZEL A. China's "New Era" with Xi Jinping Characteristics [R]. London：European Council on Foreign Relations, 2017.
② 杨莉等编. 观中国：《国际中国研究动态》精选集：2013—2015(上). 北京：中国社会科学出版社, 2016：210-214.
③ 诺兰. 认识中国：从丝绸之路到《共产党宣言》[M]. 温威, 译. 北京：中信出版社, 2017：xiii.
④ 黄亚生. 中印是龙象之争还是龟兔赛跑 [M] //方晋. 查尔斯河畔论中国崛起. 北京：中信出版社, 2017：33.

五、中国特色政党制度的世界意义

中国共产党是为中国人民谋福利的政党，也是为世界人民作贡献的政党。中国共产党领导中国特色社会主义事业取得了伟大的成就，为发展中国家的政治发展提供了新的方案。中共十九大有助于提高中国人民的生活水平和中国的国际地位，有利于构建公正合理的国际新秩序。习近平新时代中国特色社会主义思想在推动中国发展的同时，将进一步提高中国的国际地位，为世界提供中国方案，推动人类命运共同体的建设。

（一）中国共产党领导国家建设的成就，印证社会主义的优越性

美国智库"2049 计划研究所"中共观察项目主任戴维·吉特（David Gitter）在美国外交网站上发表文章指出，习近平为中国描绘了一个伟大的愿景：中国将作为一个社会主义大国，为广大发展中国家提供不同于西方的新的发展模式，中国正在积极倡导一种新的发展道路，为广大的发展中国家提供一种新的选择，这是一种"松散定义的社会主义"。由于中国在对外关系中不强求特定的治理模式或人权标准，中国模式吸引了很多发展中国家的关注，不少国家还接受了中国政府的发展援助。考虑到美国华盛顿政府正在提出"美国优先"的时代背景，中国共产党在全球范围内推动社会主义的理想更有可能得到实现。①

中国共产党领导建设中国特色社会主义，提供了社会主义的多元模式。中国特色社会主义道路显然与自由资本主义模式有着本质性的区别。中国特色社会主义在坚持马克思主义的基本原则的前提下，吸收了

---

① GITTER D. China Sells Socialism to the Developing World［EB/OL］. The Diplomat Website，2017-10-28.

中华传统文明的合理元素，汲取了世界文明的有益养分，成为一种具有高度包容性和开发性的发展模式。西方需要超越狭隘的非此即彼的意识形态思维，以一种开放性的眼光重新认识中国的社会主义性质，"这就要求研究社会主义的学者和实践社会主义的革命者能够看清其性质，并就社会主义实践……的种种可能性进行创造性的思维"①。中国的智慧和方案有助于破解"文明冲突论""修昔底德陷阱"和"金德尔伯格陷阱"，在世界事务方面，更多人信任习近平会做正确的事情。②

中国共产党成为社会主义运动的中心，推动世界社会主义运动的发展。马克思主义的生命力将得到彰显，世界范围内将形成一种更为多元化的社会主义运动。斯里兰卡人民解放阵线（JVP）发表文章指出，中共十九大将进一步加强中国人民与世界人民的联系，为世界上被压迫的人民提供更多的信心和支持，鼓励他们通过斗争赢得自身应有的权利。在此意义上，中共十九大将是世界人民争取社会主义、共产主义和世界和平的斗争中的一个重大转折点，社会主义运动的生命力将再次茁壮成长起来。③

（二）中国共产党领导国家的优势，引发西方对多党民主制的反思

中国的发展与西方的衰落，构成了这个世界最具对比性的两幅画面，这意味着进入全球社会主义的新时代。中共十九大之后，著名历史学家尼尔·弗格森（Niall Ferguson）在《波士顿环球报》中撰文指出，中国的崛起和西方衰落构成 21 世纪最具视觉冲击力的两幅画卷，相比中国的繁荣和复兴，美国呈现出一幅衰落的气象：虚有其表、毒品的流

---

① 布莱彻. 中国开辟了一条新的社会主义道路［M］//齐欣，等编译. 世界著名政治家、学者论邓小平. 上海：上海人民出版社，1999：342-343.

② 外国人眼里的习近平：担当现在和创造未来的人［N］. 人民日报，2017-11-17.

③ JVR：19th National Congress of the CPC will Bring Greater Heights in Socialism in China［EB/OL］. Lankatruth Website，2017-10-19.

行、官僚化、暴风肆虐的城市以及"美国重新伟大"的幻想。① 此外，在国际学术界产生具有对话效应的研究也丰富了学界对人类多元政治治理模式的理解。加拿大政治学者贝淡宁（Daniel A. Bell）跳出西方民主的分析话语，分析西方民主制度的天然不足和缺陷，从中国自古以来存在的选贤任能机制出发，对中国民主模式提出设想。贝淡宁的视角突破了西方传统研究的视野，成为探索西方民主制之外的政治治理模式的代表。

西方政治体制在经济发展方面缺乏长期战略，导致资本主义经济的衰退。新时代中国的发展将带动全球政治经济秩序的变革，全球经济重心将进一步向东方转移。中国特色社会主义还将具有更伟大的世界意义。长期以来，西方主导的自由主义话语霸权左右了世界政治经济发展的基本格局，但事实证明，这一急功近利的发展模式是有失公允且不可持续的。尼尔·弗格森在《大退化》一书中指出了自由民主制度的衰落及其对经济发展的负面影响，公共财政的失败，政府规制的弱化，法治被金钱所左右，基本教育的退步……美国和欧洲国家正在经历制度上的退化，这是经济衰落的重要制度原因。②

西方政党简单迎合白人中产阶级的民意，加剧美国的种族歧视问题。美国学者罗伯特·马戈指出，西方的政治体制强调的价值观和推行的社会、外交政策具有对抗性，西方国家如法国因民族冲突而爆发骚乱。他还指出，政府在确立合适的价值观以引导美国的种族关系方面毫无建树，相反，政府对民意的一味迎合使其成为美国社会主流关于种族观念的发布平台。"当主流观念支持种族歧视，迎合这一点符合很多政

---

① FERGUSON N. Xi Whiz［N］. The Boston Globe，2017-10-30.
② FERGUSON N. The Great Degeneration：How Institutions Decay and Economies Die［M］. London：Penguin Press，2013：172.

客的利益。当主流观念发生变化，政客的动机也随之变化。"① 美国社会普遍存在着对黑人等少数族裔的歧视，但政府不是去努力化解这种矛盾，而是为了自身地位去迎合大众的歧视观念，这导致了美国在种族问题处理上的失败，以及日趋严重的种族纷争。

（三）中国共产党治理国家的方案，为发展中国家提供新的方案

中国特色社会主义制度方案的进一步成熟，将为广大发展中国家提供更多的选择和平台。新时代中国特色社会主义为左翼政党提供了重要的激励，将鼓舞发展中国家的社会主义运动，世界人民将更加紧密地团结起来。美国《华盛顿邮报》报道，中国正在成为另外一颗让世界仰望的"北极星"，其政治、经济和文化体系与美国大相径庭，却得到了世界的尊重。印度经济学家考希克·巴苏（Kaushik Basu）也注意到，中国的发展经验及其改革理论"正在被亚洲、撒哈拉以南的非洲和拉丁美洲借鉴"，这成为中国参与国际事务的软实力来源。②

肯尼亚非洲政策研究所所长彼得·卡戈万加（Peter Kagwanja）教授在接受采访时表示，非洲国家应借鉴中国共产党执政和发展经验，以实现快速发展。卡戈万加表示，在过去的 5 年里，中国在政治、经济和外交舞台上取得的成就举世瞩目，中国已经成为一个具有世界影响力的大国，这些成就与中国共产党的卓越领导密不可分。非洲一些国家的执政党应更多地借鉴中国共产党的执政经验，以寻找真正适合自己国情的发展道路。③ 中国共产党有着严明的组织纪律和大局意识，这是确保中

---

① 马戈. 政府与美国的困境 [M] //费希拜克，恩格曼，利贝卡普，等. 美国经济史新论：政府与经济. 张燕，郭晨，白玲，等译. 北京：中信出版社，2013：231.

② 巴苏. 中国发展道路的世界历史意义 [M] //解读中国工作室. 读懂中国：海外知名学者谈中国新时代. 天津：天津人民出版社，2019：36.

③ 吴宏亮，罗纳德. 肯尼亚学者：非洲国家应借鉴中国共产党执政和发展经验 [EB/OL]. 国际在线，2017-10-18.

国特色社会主义国家长治久安的政治保证。中国政府具有指导经济的能力、权力和经验，这些经验对于全球背景下的经济调控是至关重要的。与此相反，没有社会主义历史的第三世界国家，既没有强大的政府力量，也没有经济调控的历史经验，由此陷入乔尔·S. 米格代尔所说的"强社会与弱国家"困境：国家缺乏对社会的有效控制，在指导国民经济和行为时困难重重。毛泽东结束了中国的分裂局面并建立了统一的中央政府，通过党和国家的组织体系把政府权力覆盖到最偏僻的农村和地区，这种"强国家"的特性成为中国发展的最大优势，也是发展中国家需要学习的经验。①

（四）中国共产党为全人类作出贡献，推动人类命运共同体的建设

美国加州大学伯克利分校社会学系教授高棣民（Thomas B. Gold）撰文指出，中国共产党坚持马克思主义的理论指导，推动了人类命运共同体的建设。"在习近平主席看来，世界上所有人的命运是一体的"。推动全球治理体系变革是国际社会的事，要坚持共商、共建、共享的原则，使得关于全球治理体系变革的主张成为世界各国的共识，并从理念转化为实际行动。中国与非洲、拉丁美洲等地的发展中国家建立了良好的贸易关系，推动一带一路（OBOR）的建设，这一策略对于扩大中国的软实力，推动全球范围内的基础设施建设，带动全球经济的发展起到了重要的作用。人类命运共同体的理念赢得了世界人民的广泛认同。②

中国共产党推动全球化的深度变革，有利于世界各国的共同繁荣和发展。美国著名社会学家伊曼纽尔·莫里斯·沃勒斯坦（Immanuel Maurice Wallerstein）认为，"一体化"与"不平等"是资本主义世界经

① 米格代尔. 强社会与弱国家 [M]. 朱海雷，译. 南京：江苏人民出版社，2009：5.
② 高棣民. 新时代中国为世界树立发展典范 [M] //解读中国工作室. 读懂中国：海外知名学者谈中国新时代. 天津：天津人民出版社，2019：33.

济体的两个最主要特征，"我们这个时代巨大的社会忧患仍然是异化，马克思使我们得以设想另外一种社会秩序"①。中国进入新时代的世界意义在于两个方面：它意味着西方世界正在"裂解"和衰落，西方正在失去对整个体系的控制力，在全球社会剧变的当今时代，我们正见证资本主义的最后表演。"一带一路"倡议遵循共商、共建、共享原则，将会把"边缘"国家激活成为节点，并将各个节点连接成为全球互联互通网络，消除"孤岛"，从而提高各国可持续发展能力。

六、海外中国共产党研究的评价与启示

一是从国际比较的视角，把握中国共产党领导国家的制度优势。海外学者通过国际比较的方法，发现中国特色社会主义的制度优势和世界意义。海外学者对中国道路的社会主义性质的认识，注重从中国大历史的视角出发，关注中国的历史传统和社会主义道路的关系。在这些学者看来，中国从历史上就拒绝了资本主义的发展道路，而始终在寻找一条能够将效率和公平结合起来的"第三条道路"。这一历史决定了中国不可能选择资本主义的发展模式，只可能通过对社会主义的改革与创新，更好地发展社会主义。这种从中国大历史的视角来讨论当代中国的制度性质的研究，非常值得我们借鉴。中国特色社会主义作为一种社会制度，有着党的正确领导、科学的理论体系和全国人民的坚决支持，因而具有持续的稳定性。这些问题是人类社会的古老难题，资本主义主导的全球化加剧了问题的复杂性和解决问题的难度，同时也为中国特色社会主义提供了证明自身的机遇。他们所得出的结论，对于我们更好地认知中国特色社会主义性质，坚定中国特色社会主义道路自信具有重要的

---

① 威廉姆斯，杨智. 世界体系研究之缘起：对话伊曼纽尔·沃勒斯坦 [J]. 国外理论动态，2014 (4)：1-6.

意义。

二是借鉴海外中国共产党研究的方法论，深化党史党建学科的研究。海外学者为了进一步理解中国共产党的性质和特点，在研究中始终重视中西方的比较研究，他们从经济学、政治学、心理学等社会科学学科借鉴了不同的视角与方法，将其应用到当代中国的分析和研究之中。海外学者在对中国特色社会主义进行研究的过程中，不时将西方的资本主义模式纳入研究视角，通过二者的比较来得出更具说服力的结论。这种国际比较的视角具有非常重要的意义，能够更好地凸显社会主义制度的合理性与优越性。此外，海外学者非常重视经验实证的研究方法，增强理论研究的说服力。海外学者的这些研究，体现了他们超越西方中心主义的一种理论自觉，拓展了中国特色社会主义的研究视角，这是需要极大的理论勇气的。对于中国共产党的理论研究和话语研究，必须推动跨学科的写作，在多学科交流中建构中国共产党的话语体系和国际形象。

三是加强国内外学术界的交流，构建融通中外的中共研究话语体系。海外的中国共产党研究展示了海外学者研究中国共产党的视角，提供了实证研究、人性假设、预测研究、精英理论等新的研究范式，形成了一些特色研究领域，提出了较多具有新意的观点。对于本土学者来说，海外学者对中国共产党的研究和阐释呈现出鲜明的异域特色，给我们提供了另外一种思想话语和认识维度，有助于我们突破自身的视域盲点，借鉴其优长，解读其用意，辨析其不足，兼容并蓄，在学术的相互交流和碰撞中不断拓展中国共产党学研究的理论视域和研究领域。中西研究方法和研究范式的差异也有助于我们观察和掌握不同政治立场、理论偏好和文化视域下的认知逻辑，以便有效地构建中国自身的话语体系。

四是加强中国对外话语体系建设，批判海外中国共产党研究中的偏见。海外中国共产党研究确实有助于拓宽理论研究视野，增进不同思维语境下的对话与交流。海外学者从中国实际出发的研究逐步增加，对中国共产党的正面评价不断增加，但有关中国的负面形象也始终存在。这些带有偏见色彩的研究存在明显的缺陷，包括缺乏对马克思主义的深刻理解，秉持的是西方资产阶级的立场和利益，基于西方中心主义的政党理论，受到西方政治气候的不良影响，等等。这就导致部分学者在思维和认知上以偏概全，致使关于中国共产党的结论有失公允。比如，有学者基于西方的政治理论认为，自由民主制是人类历史上迄今为止最好的制度安排，是所有非西方国家政治发展的终点。基于这样一种西方中心主义的价值观，中国共产党的领导一度被视为与民主制相对立的"威权体制"。① 这种观点显然是错误的，中国共产党是为人民服务的马克思主义政党，中国是坚持马克思主义的社会主义国家。

---

① 阿尔蒙德. 当代比较政治学：世界视野 [M]. 杨红伟，吴新叶，曾纪茂，等译. 上海：上海人民出版社，2009：506-507.

第三章

民主是社会主义的本质要求

—— 海外关于中国特色社会主义民主政治的研究

我国是工人阶级领导的、以工农联盟为基础的人民民主专政的社会主义国家，国家一切权力属于人民。我国社会主义民主是维护人民根本利益的最广泛、最真实、最管用的民主。发展社会主义民主政治就是要体现人民意志、保障人民权益、激发人民创造活力，用制度体系保证人民当家作主。走中国特色社会主义政治发展道路，是近代以来中国人民长期奋斗在历史逻辑、理论逻辑、实践逻辑上的必然结果，是坚持党的本质属性、践行党的根本宗旨的必然要求。海外学者对中国民主政治的研究，正在进入一个新的阶段，这在全球学术史上具有划时代的意义。海外学者正在突破长期以来形成的"西方中心主义"思维，撇开乃至超越对民主的抽象讨论，深入到民主的实质功能和现实效用层面——这显然是一种学术研究范式的巨大进步。这意味着西方的中国政治研究正在经历一个转变，即"使中国'靠拢西方'的想法正在让位于'理解中国'的学术目标"①。对西方学者关于中国民主政治的正面评价进行跟踪和评析，对于增强中国道路自信，推动中西方的学术交流具有重要的意义。

---

① 黄晨. 近年美国学界中国民主研究评析——文献、脉络与方法 [J]. 国外社会科学, 2016（1）：73-79.

48

一、中国民主政治的历史传统

坚持和完善人民代表大会制度，必须保证和发展人民当家作主。人民当家作主是社会主义民主政治的本质和核心。人民民主是社会主义的生命。我们必须坚持国家一切权力属于人民，坚持人民主体地位，支持和保证人民通过人民代表大会行使国家权力。在国外学术界的中国研究中，中国民主政治始终是一个重要的课题。以中国民主政治研究为主题的著作包括美国学者郝大维（David L. Hall）和安乐哲（Roger T. Ames）合著的《先贤的民主》、澳大利亚西悉尼大学教授冯兆基的《寻找中国民主》、美国学者拉里·戴尔蒙德（Larry Diamond）主编的《中国的选举与民主》以及新加坡国立大学郑永年的《民主，中国如何选择》等，这些著作对中国民主的历史、现实与未来进行了严肃的讨论。此外，还有不少政治学著作都涉及中国的民主政治议题，比如乔尔·S. 米格代尔的《强社会与弱国家》、弗朗西斯·福山的《政治秩序与政治衰败：从工业革命到民主全球化》等，书中都有大量的篇幅来讨论中国的政治制度和民主前景。①

美国得克萨斯大学哲学教授郝大维和夏威夷大学比较哲学教授安乐哲在《先贤的民主》一书中认为，儒家文化中的共同体意识弥补了西方个人主义的缺陷，进而为中国的民主提供了社群主义的渊源，中国在许多方面更接近民主的伟大理想。实践证明，这种协商制度包含具有深厚渊源的民主精神，我们党和国家今天实行的民主集中制，特别是在政党关系上实行的协商民主制度，就是对中国古代协商制度的继承和发展。中国古代协商民主的核心精神就是实行集体决策，广泛听取各方面

---

① 黄晨. 近年美国学界中国民主研究评析——文献、脉络与方法［J］. 国外社会科学，2016（1）：73-79.

意见，尽可能照顾到各方面利益，保持社会关系的中庸和谐。这种协商制度主张把问题摆出来，把话说明白，增强决策的透明度，尽可能达成各方的共识。①

中国儒家传统中已经包含着民主的元素，这决定了中国的民主政治必然要有自己的道路。中国今天的治理体系不是凭空产生的，而是在继承传统优秀治理文化的基础上，结合今天的实践不断创新发展的产物，其中包含着中国人千百年来形成的文化、心理、风俗、习惯等。只有深入了解中国古代治理理念和实践，才能深刻理解当代中国治理体系演变形成的历史文化基因，更好地理解中国制度形成的内生性质。中国民主政治是中国人民在人类政治制度史上的伟大创造，是深刻总结中国政治传统得出的基本经验。当代中国民主政治拥有极大的包容性，它是对中国政治传统、社会主义原则和自由主义因素的有机结合。作为一种新生的民主形式，中国的社会主义民主克服了资本主义民主的弊病，能够更好地顾及社会共同体的态度、利益与规范，从而真正建构起民主的大厦。作为一种新生的民主形式，它不仅在将来能够更好地实现，而且在今天也是很有价值的。②

二、民主政治与国家的治理能力

中华人民共和国成立七十多年以来，中国共产党领导国家建设取得巨大成就。坚持党的领导、人民当家作主、依法治国的有机统一。党的领导是人民当家作主和依法治国的根本保证，人民当家作主是社会主义

---

① 郝大维，安乐哲. 先贤的民主：杜威、孔子与中国民主之希望［M］. 何刚强，译. 南京：江苏人民出版社，2004：94.
② 贺翠香. 中国儒家的民主与宗教——访国际汉学家安乐哲［J］. 哲学动态，2002（5）：32-37.

民主政治的本质特征，依法治国是党领导人民治理国家的基本方式，三者统一于我国社会主义民主政治伟大实践。从国内来看，中国特色社会主义制度更加完善，国家统一和稳定得到维护，国家治理体系得到完善，治理能力现代化水平明显提高。从国际来看，中国的国际影响力、感召力、塑造力进一步提高，为世界和平与发展做出新的重大贡献。在国外左翼学者看来，中国特色社会主义民主政治能够加强国家的治理能力，选拔优秀的政治人才，作出科学的政治决策，有效地抑制腐败问题，这些都体现出社会主义政治制度的优越性，为国家建设提供了坚强的政治保证，形成安定团结的政治局面。

（一）社会主义民主建构强大的国家能力，维护国家的政治统一和稳定

海外学者普遍认为，中国作为一个有着悠久历史和广阔领土的国家，对于国家治理能力有着更高的要求，这是中国作为超大型国家的重要特质。正如冯兆基所指出的，中国的民主观念反映的是中国人民在近代以来的历史环境下对国家构建的理想与愿望，它推崇一个强大而有效的政府，而不信仰一个虚弱和无能的政府。① 在这一视角的影响下，海外学者围绕"民主能为国家建构和有效治理做些什么"② 这一重大的问题，提出了一系列颇有见地且值得深思的看法。

中国民主政治确保国家的治理能力，实现了国家的政治统一。早期的学者一般不太关注国家能力的问题，这是因为早期的欧洲民主国家都经历了一个"垄断暴力工具的过程"，这使其拥有了强大的政治和军事

---

① 冯兆基. 寻求中国民主 [M]. 刘悦斌，等译. 南京：江苏人民出版社，2011：326-328.

② 徐浩然. 国家治理视角下的当代中国民主政治发展——西方学者的若干观点 [J]. 国外理论动态，2014（8）：56-60.

实力。① 冯兆基在《寻求中国民主》一书中给出了比较全面的答案："民主能够建立起一个高效率、开放、可靠的政府，网罗中国最优秀的人才为国服务，提供民众监督政府机制，减少官员腐败，并且提高政府实现建国的能力。"他认为，以张申府为代表的中国知识分子在帝制晚期和民国期间所参与的各种民主运动，并非要追求同西方一样的民主，他们追求民主的目的在于"认为民主能够统一中国，为国家做出更大的贡献"。因此，中国的民主理想推崇一个强大而有效的政府，而不信仰一个虚弱和无能的政府，很少有中国人会认同美国那种"管的最少即是最好的政府"的观念。②

（二）中国民主政治选拔优秀的政治人才，建设一流的政治人力资源

贝淡宁在《贤能政治》一书中指出，选举民主事实上仅适合基层社会以及"小国寡民"的政治，只有在这种情况下才能充分发挥基层社区民众的积极性和参与感，但是对于大国的治理则显得不合时宜。中国的成功之处在于它找到了将基层民主和上层尚贤结合起来的"垂直模式"，在于中国共产党所作出的着眼长远的战略决策，以及它在应对危机和风险的卓越能力上，党的领导为中国的政治决策和政策实施提供了根本的保证。③ 傅高义也指出，这一伟大的传统人才选拔机制在经历过接近一个世纪的休眠之后，被邓小平及其以后的领导人重新唤醒。通过恢复高考、公务员考试等一系列的制度性变革，中国建立了一种立足于才能的干部选拔制度，发展经济、为民服务乃至环境保护都被作为官

---

① 吉登斯. 全球时代的民族国家 [M]. 郭忠华，译. 南京：江苏人民出版社，2012：193.

② 冯兆基. 寻求中国民主 [M]. 刘悦斌，等译. 南京：江苏人民出版社，2011：326-328.

③ [加] 贝淡宁. 贤能政治：为什么尚贤制比选举民主制更适合中国 [M]. 吴万伟，译. 北京：中信出版社，2016：150-152.

员考评的重要标准。①

中国特色社会主义民主政治是一种具有包容性的民主模式。在西方学者看来，中国虽然不存在同西方一样的所谓的自由民主制，但这并不意味着中国没有民主，只不过它是以一种西方所不熟悉的面貌呈现的。至于中国的民主制度，它强调中国共产党的领导，选拔贤能，对国家和社会的责任感，对相关利益者的咨询以及透明度等。中国人认为民主可以有不同的形式，需要各个国家根据自身的国情做出安排。在非洲问题上，中国尊重所有国家寻找适合自身国情的制度的权利，而不强求任何国家走特定的方向。这种对民主政治的包容性理解，以及与此有关的"不干涉"政策使得中非关系的发展更为顺利，并为中国赢得了巨大的软实力。②

（三）中国民主政治提倡公民的政治参与，确保公共决策的民主性

习近平强调，我们走的是一条中国特色社会主义政治发展道路，人民民主是一种全过程的民主，所有的重大立法决策都是依照程序、经过民主酝酿，通过科学决策、民主决策产生的。我们要坚持国家一切权力属于人民的宪法理念，最广泛地动员和组织人民依照宪法和法律规定，通过各级人民代表大会行使国家权力，通过各种途径和形式管理国家和社会事务、管理经济和文化事业，共同建设，共同享有，共同发展，成为国家、社会和自己命运的主人。无论是党委换届，还是人大、政府、政协换届，都要体现工人阶级领导的、以工农联盟为基础的人民民主专政的国体，要保证基本群众代表比例。中国正在巩固基层政权，完善基

---

① 傅高义. 邓小平时代 [M]. 冯克利，译. 北京：生活·读书·新知三联书店，2013：648-650.

② REBOL M. Pragmatism and Non-Interference：Explaining China's Soft Power in Africa [M]. Saarbrücken：LAP LAMBERT Academic Publishing, 2011：38.

层民主制度，保障人民的知情权、参与权、表达权、监督权。

中国共产党不断健全依法决策机制，构建决策科学、执行坚决、监督有力的权力运行机制。各级领导干部要增强民主意识，发扬民主作风，接受人民监督，当好人民公仆。美国著名智库战略与国际研究中心在一份名为《决策型知识分子的作用》的研究报告中称，中国政府绝非高高在上，它对社会意见尤其是知识分子的尊重是中国政治决策最重要的特点之一。高级知识分子在中国政策制定中的作用甚至远远超过西方。①

约翰·奈斯比特认为，中国存在一种以信任为连接纽带，以自上而下的政治领导和自下而上的公民参与为结构特征的"纵向民主"。其好处在于，中央领导层能够吸纳来自民众的意见和需求，同时，地方又能够根据情况的不同灵活应变，并为上层领导者提供必要的经验。"最重要、最微妙也是最关键的支柱就是自上而下与自下而上力量的平衡"，新思想和经验可以源源不断地沿着这个纵向轴交流，进而实现整个体系的适应性发展。②

（四）中国民主政治强调民众对政府的监督，具有反腐败的政治功能

美国杜克大学政治学教授史天健指出，中国民主政治打击官员的腐败行为，确保了政府的清正廉洁。人民的眼睛是雪亮的，人民是无所不在的监督力量。只有让人民来监督政府，政府才不会懈怠；只有人人起来负责，才不会人亡政息。人民代表大会制度的重要原则和制度设计的基本要求，就是任何国家机关及其工作人员的权力都要受到制约和监

① 战略与国际研究中心，彼得森国际经济研究所. 美国智库眼中的中国崛起 [M]. 曹洪洋，译. 北京：中国发展出版社，2011：38.
② 奈斯比特 J，奈斯比特 D. 中国大趋势：新社会的八大支柱 [M]. 魏平，译. 北京：中华工商联合出版社，2009：40.

督。中国的民主政治并不是与西方的民主政治完全对立的，任何把两者对立起来的观点都是错误的，也是不符合实际的。

事实上，中国政治制度在很多方面都选择性地借鉴西方的合理做法，以更好地促进中国自身的民主政治的发展。比如，美国政治经济评论家罗伯特·劳伦斯·库恩（Robert Lawrence Kuhn）认为，中国在公共决策和选拔用人的过程中更加重视透明性和民主评议，党内民主和干部任命的透明化已经成为中国民主政治的重要体现，这显然借鉴了西方的一些做法。[①] 即使按照西方的民主价值观，中国的政治制度内部也含有大量的民主元素，包括党内民主、公示、考察干部的民意、实现下级对上级的监督等。中国在政治制度上更加重视程序的建构，这显然与西方民主制有共通之处。[②]

三、社会主义民主与经济发展

中国经济的长期发展为民主与经济增长的讨论画上了句号，同时也终结了西方民主促进经济增长的神话。中国在短短的 30 年的时间里超越了苏联（俄罗斯）、意大利、英国、法国、德国和日本等强国，上升为世界第二大经济体，整个社会都享受到了经济增长的成果，这是不可争辩的事实，自然令人心悦诚服。按照世界银行等机构的预测，中国在最少 10 年、最多 20 年的时间内将成为全球第一大经济体。中国的政治制度在经济增长中扮演了重要的角色，在这些学者看来，中国民主政治拥有一种激发人民团结奋斗的能量，是促进中国经济增长的制度保障。

---

① 库恩. 中国的政治未来 [N]. 上海商报，2009-01-12.
② 冯莉. 美国学者对腐败与文化关系的研究及对中国反腐的启示 [J]. 当代世界与社会主义，2017（5）：192-197.

（一）中国民主政治制定长远的发展战略，提供了经济发展的方向

重视政府任期的连续性，单一政党的领导能够确保国家的长期决策得到遵循，这有利于经济的可持续发展。傅高义在对东亚国家（韩国、日本）和印度的发展进行比较后指出，发展最快的国家并不完全是"美国标准下的民主国家"，中国的民主模式更为强调权力的集中和政府的作用，这对于经济发展有着巨大的好处，通过政府的力量来促进发展，这已经成为中国最重要的发展经验之一。政府在经济发展中起到规划引导、积聚资本、动员社会等多方面的作用。①

中国民主政治重视地方的探索试验，积累了改革成功的经验。英国学者马丁·雅克（Martin Jaques）发表文章指出，中国政府高度能干、具有战略性思考，同时不乏务实态度并敢于试验，促成了该国民众生活水平的快速提高，享有巨大的民众支持。② 海外学者对中国民主政治促进经济发展的研究，总体上是比较到位的。21 世纪以来全球经济形势的变迁使西方民主国家普遍面临着经济困境。"民主是否阻碍经济发展"开始成为国际学术界的热门议题，黄亚生和李稻葵等人围绕这一问题进行了激烈的讨论，最终的结果是"西式民主不利于经济发展"③。

（二）中国民主政治坚持公有制的经济基础，构成国家现代化的优势

英国剑桥大学经济学教授张夏准（Ha-Joon Chang）指出，社会主义民主政治是生产资料公有制的必然要求，公有制同时作为社会主义民主的经济基础，这是马克思主义原理的基本要求。如何实现生产资料公

① 杨逸淇. 作为受人尊敬的大国，中国应该更加自信——傅高义访谈 [N]. 文汇报，2012-11-19.
② 雅克. 西方看中国经济崛起目光短浅 [N]. 环球时报，2014-10-24.
③ 刘桂英. 当代西方经济变量与民主化关系研究历史述评 [J]. 内蒙古大学学报（哲学社会科学版），2013，45（6）：58-63.

有制，以及如何推动国有经济的发展，是社会主义国家面临的基本问题。在中国的发展案例中，通过公有制尤其是国有企业来促进国家现代化，是最重要的发展经验之一，"政府可以挑选赢家，有时候还做得非常漂亮"，这就打破了自由主义经济学关于市场选择赢家的信条。事实上，政府超越自由市场的简单逻辑，通过国有企业或公私合作促进发展，是东亚国家的普遍经验。发展中国家不应该被民主化和自由市场的思想所蒙蔽，要从中国的经验中充分认识政府领导企业发展的作用，以及"公共领导或公私合作共同推动经济发展的大量机会"①。

（三）中国民主政治具有强大的动员能力，激发人民奋斗的热忱

中国民主充分激发民众的奋斗热情，对于推动经济发展至关重要。作为社会主义民主，中国的民主政治真正坚持了人民当家作主的价值理念。马克思主义在中国的民主政治建构中，具有重要的指导意义。美国著名马克思主义经济学家大卫·M. 科兹（David M. Kotz）指出，民主化的政府和民众参与的体制是切实可行的社会主义的基础，中国的政治体制是社会主义民主政治的重要实践。中国作为社会主义社会的政治基础是公众的广泛参与，并在此基础上建立民主化的政府，这种社会主义"能够给社会和经济进步注入新的活力，但又不放弃平等、团结、合作和民主等核心价值"②。

只有通过民主化，才能最大限度地发挥社会主义优越性，才能使劳动群众行动起来。马丁·雅克在上海发表演讲时指出，新中国的发展绝不仅仅是政府的作为，更是全国各族人民艰苦奋斗的结果。中国在历史上的成功靠的是人民，中国在 21 世纪的复兴同样要依靠人民。尽管政府在中国的经济发展中扮演了极其重要的角色，但它并不是最重要的角

---

① 张夏准. 经济学的谎言：为什么不能迷信自由市场主义 [M]. 孙建中，译. 北京：新华出版社，2014：124-133.

② 常辉. 大卫·科兹的社会主义观 [J]. 当代世界社会主义问题，2010（2）：42-53.

色，只有人民才是国家复兴的坚定力量，这是民主在中国的重要内涵。马丁·雅克呼唤"所谓的新中国人"，即那些具有全球视野的中国人，为中国和世界的发展作出贡献。①

（四）中国民主政治能够对金融秩序进行监管，维护金融秩序的稳健

中国民主政治确保经济规制的有效性，抑制了经济危机的影响。中国成功地应对国际金融危机引起了美国学者的广泛关注，也引起他们对中国民主政治的关注。2008 年以来的经济危机使主要的民主国家遭受重创，中国却毫发未损，这充分展示了中国政治经济体制抗风险的强大能力。同样是面临经济危机的冲击，中国却在危机中出人意料地再夺三项桂冠：汽车销售量超越汽车王国美国跃居全球第一、出口贸易额取代德国成为全球第一、经济总量力压日本成为世界第二。②

学者扎克·蒙塔古（Zach Montague）发表文章指出，与许多发展中国家不同，中国已经建立了良好的教育和福利体系，这不仅保障了中国人民的基本权利，而且为经济发展提供了更好的人力资源。在中国的经济模式中，地方政府有一定的灵活性，以满足他们代表的人民的需要，中央政府则对整个经济体系进行监管，确保宏观经济秩序的稳定。中央政府对金融、证券、环境领域的监管政策，对于确保经济秩序稳定，实现长期发展起到重要的作用。"简单地复制西方的民主模式，根本无助于解决中国经济发展中的问题和挑战。"③ 美国著名经济学家、加州大学教授罗伯特·赖克（Robert Reich）指出，美国的自由市场经济体制已经背离了民主的初衷，私人公司成为股东和有钱人谋利的工

---

① 雅克. 中国复兴要靠人民不能靠政府 [EB/OL]. 环球网，2013-03-27.
② 李海，贾绘泽. 国外学者论中国特色社会主义民主的优势与走向 [J]. 毛泽东邓小平理论研究，2015（5）：85-90，93.
③ MONTAGUE Z. Solving China's Economy Isn't a Question of Democracy [N]. The Diplomat，2014-6-20.

具，金融秩序动荡不安，伤害了美国经济的可持续发展能力。①

四、社会主义民主与共同富裕

海外学者越来越多地认识到中国民主政治在实现共同富裕上的杰出表现。改革开放以来，中国在实现经济增长的同时，也出现了收入差距拉大的问题。随着社会主义民主的不断推进，以及和谐社会理念的逐步落实，尤其是党的十八大以来"全面建成小康社会"的落实，中国民主政治服务于全体人民的能力得到更多的体现。海外学者对中国经济发展惠及社会大众的成就高度肯定。与西方的民主政治仅仅服务于少数白人有产阶级男性不同，中国的社会主义民主政治真正服务于全体人民，这是社会主义制度优越性的又一体现。

（一）中国民主政治确保政策服务于全体人民，而非特定的利益集团

服务于全体人民在中国的民主政治建构中具有重要的地位，这一体制能够避免企业资本集团对政治决策的左右，从而确保政府决策的公平正义。洛丽塔·纳波利奥尼认为，中国民主政治的好处在于它能够有效地抑制强势资本集团对公共政策的影响，进而实现比西方更高的公平正义。中国共产党"将新生的商界权贵排除在国家权力之外"，这构成了中国民主政治的重要特点，符合中国社会的整体利益。② 美国纽约大学华裔教授李淯认为，美国必须通过对中国政治制度的学习和借鉴，"让政治家对人民负责而不是对重要的资助者负责"，只有这样才能挽救西

---

① 赖克. 拯救资本主义：重建服务于多数人而非少数人的新经济 [M]. 曾鑫，译. 北京：中信出版社，2017：200.

② 纳波利奥尼. 中国道路：一位西方学者眼中的中国模式 [M]. 孙豫宁，译. 北京：中信出版社，2013：280.

方日益衰败的民主制度。①

中国特色社会主义民主政治更符合民主的价值要求，这是更先进的民主形式。李淯在《美国可以向中国学什么》指出："从真正服务大众的角度来看……中国的政治制度比西方的民主制度更加民主。"② 这一论断充分体现了中国民主政治在维护民生福祉、实现共享发展方面的优越性，体现了西方学者对中国民主政治制度优越性的新认识。史天健通过经验实证的方法对中国民主及其价值取向的研究，揭示了"为人民服务"乃是中国民主的真谛，这是社会主义在中国的最根本的体现。③

（二）中国民主政治保障少数民族的利益，体现社会主义民主的优越性

勒尼汉·E（Lenihan E）等人撰文指出，保护包括少数民族（族裔）在内的少数人权利，一直是民主国家面临的重大理论和现实问题。美国在保护少数族裔问题上做得相当失败，种族歧视和不公平问题愈演愈烈，这由民主制下"多数决"的制度缺陷所致。从中国的民主实践来看，"少数民族的可持续发展权益"得到了更多的尊重和保护。中国共产党代表全国各族人民的利益，"发展少数民族地区的经济，尊重少数民族，给他们充分的民主权利"。各个少数民族不仅在政治上享有更多的自治权利，而且在经济生活上有了根本性的改变，各民族的文化也得到了很好的保护和传承。当代中国正在进一步改善少数民族的生活状况，这是中国政治制度优越性的体现。④

①　李淯. 美国能向中国学什么 ［M］. 章晓英，译. 北京：红旗出版社，2012：76.
②　李淯. 美国能向中国学什么 ［M］. 章晓英，译. 北京：红旗出版社，2012：73.
③　玛雅. 中国人的民主价值观——专访美国杜克大学政治学教授史天健 ［N］. 凤凰周刊，2009-04-03.
④　FU R，ZUO T，LENIHAN E. Discourses Matter：Chinese Ethnic Minorities in Sustainable Development ［J］. Sustainable Development，2011，19（6）：359-368.

（三）中国民主政治既保障当代人的利益，又注重子孙后代的长远利益

洛丽塔·纳波利奥尼认为，中国存在一种"中国特色的卢梭式民主"，这是相比西方自由民主制更高级的民主形式。[①] 中国的民主政治要求重视所有人的发展，为每个个体提供同等的机会，无论他们来自怎样的社会阶层和民族。中国的民主政治还能够更好地顾及子孙后代的利益，不仅当代人拥有利益表达的机会，子孙后代的权利也会得到尊重。改革开放从农村开始，农村最早受益。随着改革的深入，城市出现下岗群体，国家又开始建立保障体系，到后来随着经济实力的增长，废除农业税，建立新型农村合作医疗制度，农村退休保障试点。随着中国人民过上小康水平的生活，教育水平提高，知识普及，中国的民主进程正在加快，推进民主有了更好的物质基础。因此，中国应该有自己的民主模式，不必按照西方的做法。

（四）中国民主政治注重提高民众的民主素养，提升民众的精神福祉

中国民主政治关注人民的物质福利，又注重公民道德的养成。中国的民主政治还能够引导人民提高民主素养，提升人民的公共道德素质，只有这样的人民才能塑造出一个伟大的社会。美国学者杰弗里·萨克斯（Jeffrey D. Sachs）在《文明的代价：回归繁荣之路》中指出，选票式的民主并不是人类最重要的理想，东西方的先贤们都不支持民主选举的政府，但都相信绝对的道德真理的存在，相信人们居住在和平与和谐社会中的可能性，只有那些已经具有美德的人才能创建一个井井有条、和睦的政治社会。但在今天的西方民主体制下，公民的民主素养却有下降

---

① 纳波利奥尼. 中国道路：一位西方学者眼中的中国模式 [M]. 孙豫宁，译. 北京：中信出版社，2013：280.

的趋势，政客和媒体对选民的一味迎合导致了民主的衰落。但在东方，人们有可能见识到一个由更具道德感的人民建构起来的社会。①

五、社会主义民主政治的世界意义

海外学者还对中国民主政治的世界意义进行了研究。随着海外学者对中国民主政治研究的不断深入，他们开始承认中国民主政治在全球视野中的主体性。西方在全球范围内推广民主，其背后反映了西方的霸权和利益，"民主"话语很大程度上可以称为新帝国主义的工具。作为一种新生的民主形式，中国的政治制度不仅被作为西方政治改革的参照标准，而且还被视为发展中国家的新选择。中国在外交政策中对民主的包容性界定，使得中国与其他国家的关系更为和谐，这是新型国际关系的典范。

（一）中国坚持社会主义民主政治，具有抵抗帝国主义的意义

地缘政治学家约翰·怀特（John Wight）认为，西方的外交政策从来就是服务于其帝国主义的霸权，民主只不过是意识形态上的幌子而已，"帝国主义而非民主才是驱动西方外交政策的真正动力"。促使美国进行对外扩张的动力，并非全部源于民主价值或意识形态，而是反映了帝国背后的权力与利益。从某种意义上讲，美国始终是一个实行扩张的强国，"民主"成为其对外扩张的话语工具。中国对符合自身国情的民主制度的探索，具有反帝国主义的重要意义，它意味着一种不同于西方的民主制度不仅是可能的，而且是现实的，中国的民主政治因此具有

---

① ［美］杰弗里·萨克斯. 文明的代价：回归繁荣之路. 杭州：浙江大学出版社，2013：159.

"去中心化"的世界意义。①

民主虽然是人类社会所普遍追求的理想，但是在不同的文明、国家或地区，民主的内涵和制度应该有所区别。在政治上，发展中国家应该坚持独立自主的政治发展理念。萨米尔·阿明认为，西方在全球范围内推广自由民主制的目的在于将其他国家纳入西方霸权的统治之下，那些实行自由民主制的国家无不按照西方的权力和利益行事，中国是新兴国家中唯一一个能够按照自身利益独立做出决策的国家，这很大程度上是因为中国选择了符合自身国情和利益的民主道路。②

（二）中国民主政治具有优越性，引发西方对自由民主制的反思

海外学者对中国民主政治的研究是比较到位的，在他们看来，中国民主政治的成功为西方提供了制度反思的参照物。无论从历史还是现实来看，西方资本主义从来就没有实现它所宣称的自由和民主，企业资本集团左右了国家的政治权力和运作方向，民主成为富人剥削穷人的政治掩饰。美国学者菲利普·科特勒（Philip Kotler）撰文指出，资本集中在少数人手中的情况下，一人一票的民主理念"就是一个骗局"。21世纪以来，西方社会贫富分化日益加剧，少数企业寡头在民主政治的游戏中攫取了更多的权力，普通民众的利益根本无法得到保障，西式民主已经背离了人民的利益和民主的初衷。③

西方一度对自身的民主体制高度自信，认为这是人类在制度探索上的最好形态，但随着全球经济形势的转变，尤其是中西方迥然不同的治

---

① WIGHT J. Imperialism Not Democracy Drives Western Foreign Policy ［EB/OL］. Sputni-knews Website, 2018-01-31.

② 徐洋. 萨米尔·阿明谈帝国主义全球化条件下的民主与发展问题 ［J］. 国外理论动态, 2002 (12)：18-21.

③ 科特勒. 直面资本主义：困境与出路 ［M］. 郭金兴, 译. 北京：机械工业出版社, 2016：152.

理表现，越来越多的学者开始反思自由民主制的问题。他们以中国的民主政治作为参照标准，分析和批判自由民主制的问题，并呼吁必要的改革。正如马克林所说，"西方社会总是倾向于将自己的制度看作是正统制度，将市场经济看作资本主义的专有物"①，这种认知偏见导致他们忽视社会主义性质在中国的存在。事实上，西方资本主义模式已经身陷困境，党派纷争，经济衰退，社会矛盾尖锐，思想堕落。中国作为一个有深厚文化积淀的国家，一个有远大价值追求的国家，根本不可能去效仿充满社会矛盾和政治困境的资本主义国家。

（三）中国为发展中国家提供民主的中国方案

民主是世界各国人民的共同追求，是全人类的共同价值。但世界上不存在完全相同的政治制度，也不存在适用于一切国家的政治制度模式。"物之不齐，物之情也。"人类政治文明发展的历史反复印证了一个道理：一个国家设计、发展和完善本国的政治制度，必须坚持从本国国情出发、从实际出发，必须注重历史和现实、理论和实践、形式和内容的有机统一，要走适合本国国情的民主政治道路。从发展中国家的政治表现来看，西式民主并没有给发展中国家带来更多的利益。在亚非拉的很多发展中国家，民主往往与内部长期的政治和社会冲突并存，政治人物专注于政治斗争，腐败无休无止，社会经济的发展水平低下，人民生活水平得不到提高。"在那些地方，民主在一定程度上是社会无序的代名词，变成了人民的一个沉重的政治包袱"。②

广大发展中国家从中国的政治发展中学到的重要的经验在于，国家的民主政治建设必须结合自身的历史和国情，并确保必要的国家能力。加州大学河滨分校的陈良志（Liang-chih Evans Chen）在其有关发展与

---

① 马克林. 我看中国——1949年以来中国在西方的形象 [M]. 张勇先，吴迪，译. 北京：中国人民大学出版社，2013：138.

② 郑永年. 中国模式：经验与挑战 [M]. 北京：中信出版社，2016：112.

民主的学术评议中指出，中国的发展已经打破了自由民主制与经济发展的线性联系，发展中国家不应该再迷信"民主促进增长"的神话，而应该根据自身的国情寻找适宜的政治制度。① 越南学者阮友心（Tam Nguyen-Huu）通过对中国与发展中国家的经济联系进行研究后指出，广大发展中国家在与中国的经济接触中，逐渐认识到中国特色社会主义的制度优势，它们不再迷信和盲从西方的自由民主制，而寻求一种与本国国情相适应的民主制度和政治选择。②

海外学者对中国民主政治的世界意义的研究是颇有见地的。海外学者不仅认识到自由民主制在西方发达国家面临的困境，而且意识到自由民主制对于广大发展中国家造成的伤害，还注意到西方在"民主"与"专制"之间的二元主义思维造成的世界不稳定。中国对自身民主制度的探索，对于解构西方的话语霸权具有重要的意义，它不仅证明了不同于西方的民主是可能的，而且证明这种民主在现实中起到更好的效果，这为广大发展中国家提供了新的选择。

（四）中国民主有利于世界的和平与发展

中国对民主政治的包容态度更有利于世界的和平与稳定。美国智库学者马克斯·雷博（Max Rebol）在其著作中指出，美国的外交政策往往以意识形态划分敌友，民主和专制往往成为区别不同国家的政治词语，这种"一刀切"的做法引发了国家间的战争和全球的动荡，打着"民主"旗号的战争层出不穷。与此不同，中国认为民主可以有不同的形式，尊重所有国家根据自身国情寻找适宜民主的制度，这种对民主政

① CHEN L E. Development First, Democracy Later? Or Democracy First, Development Later? The Controversy over Development and Democracy [R]. Riverside：University of California Riverside, 2007.
② NGUYEN-HUU T. Globalization, China and Democracy in Developing Countries [EB/OL]. Economics Handels Website, 2017-10-20.

治的多元主义理解更有利于世界的和平与稳定，这也是中国在非洲更受欢迎的重要原因。①

中国民主政治重视中国人民的利益，也惠及全球人类的共同利益。从全球范围来看，西方的民主制度实际上只是服务于少数人的制度，西方国家的政策选择很少考虑到全球人民的共同福祉，世界迫切需要一种更具代表性的"全球民主"。大卫·R.格里芬（David Ray Griffin）在《新千年的怀特海、中国及全球民主》一文中指出，西方主导的自由民主体制已经不适于全球治理的要求，少数人自私的逐利行为导致了全球范围内的贫富分化，以及生态环境的严重恶化。在这样一种背景下，中国传统哲学以及怀特海的过程哲学，为人类社会的发展提供了新的启示，尽管这两种思想属于不同的文化体系，并在20世纪遭到人们的不同程度的冷遇。进入21世纪以后，随着世界格局的千变万化，中国基于自身政治传统形成的民主体制，将为现代社会的发展提供可资借鉴的重要观念，并有可能开启"全球民主"的新时代。②

加拿大学者凯·尼尔森（Kai Nielsen）持有相似的观点，自由主义的全球化导致全球范围的贫富分化，中国的政治方案为全球正义带来了新的希望和愿景。人类必须对不正义的资本主义体制进行变革，打破资本主义全球秩序，在多国实现社会主义民主和市场社会主义，构建社会主义全球秩序，唯有如此才能实现真正的全球正义。③

---

① REBOL M. Pragmatism and Non-Interference：Explaining China's Soft Power in Africa [M]. Saarbrücken：LAP LAMBERT Academic Publishing，2011：38.

② 格里芬，蔡仲. 新千年的怀特海、中国及全球民主 [J]. 求是学刊，2002（5）：32-38.

③ 甘冲. 全球正义是否可能？——尼尔森的全球正义思想研究 [J]. 国外社会科学，2017（1）：28-32.

六、海外中国民主政治研究的评价

海外学者对中国道路的性质的研究，具有重要的理论价值和现实意义。一方面，海外学者侧重从社会主义与资本主义的比较视角来认识中国道路的性质，其研究视角、研究方法和逻辑方面都有值得借鉴的地方，对于深化中国特色社会主义研究具有重要意义。另一方面，海外学者对中国特色社会主义的研究，一般都带有浓重的问题意识，他们的分析对于我们深化改革，完善社会主义具有重要的启示。即使是部分学者对中国特色社会主义的偏见，也为我们提供了中国海外形象的另一侧面，对于有的放矢地做好对外传播工作也有一定的启示。我们要从比较的视角认识中国民主的优势，坚定社会主义民主政治自信。

一是重视中国大历史的视角，建构中国民主政治的历史合法性。正如台湾学者朱云汉所说，"解读中国崛起一定要有大历史观，没有大历史观根本看不清楚"①。他们对中国民主政治的历史来源、基本特征和重要意义的研究，丰富了中国民主政治的理论内涵，这对于增强中国的制度自信具有重要的意义。中国民主政治作为一种新生的民主形式，不仅被用于西方政治改革的参照标准，而且还被视为发展中国家的新选择。在对"民主"话语的理解上，我们不应该再以西方的自由民主话语为标准，而应该坚定中国特色社会主义的制度自信。中国学者应该利用这一历史性机遇并选择性地采纳合理的研究成果，进而构建出一种有中国气派和世界意义的民主话语体系。

二是引入国际比较的研究方法，坚定中国特色社会主义民主自信。西方学者在对中国民主政治的研究中非常重视中国与西方国家、中国与

---

① 朱云汉. 中国大陆兴起与全球秩序重组［M］//赫德森，布朗，王缉思，等. 中国未来30年：重塑梦想与现实之维. 北京：中央编译出版社，2013：37.

发展中国家的比较，这使得其结论具有很强的说服力。越来越多的学者以中国的民主政治作为参照标准，来批判自由民主制的问题，并试图从中学到改良的经验。意大利学者保罗·金斯伯格（Paul Ginsborg）在2008年金融危机后撰写了一本著作《民主：危机与新生》，其中详述了西方需要面对自由民主制的严重危机，重新调试和变革，以保持人们对民主的信念。① 贝淡宁也认为，中国的大国治理模式对民主有着完全不同的理解，它既重视政治高层的选贤任能，又重视社会基层的民主回应——这是一种兼具合法性与动态性的治理模式，它远比美国简单化的、一维的自由民主制更为合理，后者在治理大国的问题上显得捉襟见肘，因此需要向中国学习。②

三是重视经验实证的研究方法，从中国经验中建构中国话语。西方学者在研究中所采用的视角、范式、方法等对于深化中国的民主研究具有重要的帮助。西方学者对中国民主政治的研究注重广阔的历史视野，注重制度的变迁与改革，这种历史的研究更具科学性。史天健曾经对中国民众心目中的民主进行考察，结果显示高达80%以上的人认为民主是个好东西，但是中国人民对民主的定义与西方截然不同，超过55%的人都认为民主是指政府在决策时想着人民的利益，只有少数人把它视为程序。③ 西方学者关于中国民主政治的现实效用的研究，显然已经超越了意识形态本身。民主不再仅仅是一种高高在上的普世价值，还必须放到实践中来检验它的效果。就民主的现实效用而言，中国的民主体制显然比西方的自由民主制更为出色，充分展现出其巨大的制度优越性。

四是推进跨学科研究的方法，促进多学科的互动和交流。海外学者

---

① 金斯伯格. 民主：危机与新生［M］. 张力，译. 北京：中国法制出版社，2012.

② ［加］贝淡宁. 贤能政治：为什么尚贤制比选举民主制更适合中国［M］. 吴万伟，译. 北京：中信出版社，2016：150-152.

③ 玛雅. 中国人的民主价值观——专访美国杜克大学政治学教授史天健［N］. 凤凰周刊，2009-04-03.

对中国民主政治的研究，不拘泥于特定的意识形态或学科方向，而是注重跨学科的研究与协作。一方面，研究中国民主政治的学术共同体已经日益扩大，不仅包括早期的汉学家、中国学家和政治学家，还有越来越多的哲学家、社会学家等群体加入中国民主政治的研究中来；另一方面，海外中国民主政治研究的论文和著作都充分体现了跨学科研究的方法论，这些学者既注重民主本身的价值，又注重其现实的效用，他们对民主与经济发展、社会正义等关系的研究，开拓了研究的视野。

五是着眼全球性的视野，肯定中国民主政治的世界意义。海外学者从国家治理的视角来对中国民主政治进行的研究是比较到位的，充分阐释了中国民主政治对于国家治理体系和治理能力现代化的重要意义。习近平总书记指出，党的领导是人民当家作主和依法治国的根本保证，人民当家作主是社会主义民主政治的本质特征，依法治国是党领导人民治理国家的基本方式，三者统一于我国社会主义民主政治伟大实践。海外学者对中国民主政治的研究充分证明，中国民主政治不仅相比西方国家有着更大的制度优势，而且为广大发展中国家提供了更好的方案。①

七、对中国社会民主政治建设的启示

新一代的学者发现，民主作为一种重要的价值取向，其意义是毋庸置疑的。但是在不同的文明、国家或地区，民主的内涵还是有所区别的，这种区别进而呈现在不同的民主制度上。世界上没有完全相同的政治制度模式，不能脱离特定社会政治条件和历史文化传统对政治制度进行抽象评判，不能生搬硬套任何国家的政治制度模式。这种民主的多元论意味着新一代的学者对西方中心主义的超越。我们要毫不动摇地坚持

---

① 米格代尔. 强社会与弱国家 [M]. 朱海雷，译. 南京：江苏人民出版社，2009：287.

人民代表大会制度，也要与时俱进地完善人民代表大会制度。要扩大人民民主，健全民主制度，丰富民主形式，拓宽民主渠道，从各层次、各领域扩大公民有序政治参与，发展更加广泛、更加充分、更加健全的人民民主。国家各项工作都要贯彻党的群众路线，密切同人民群众的联系，倾听人民呼声，回应人民期待，不断解决好人民最关心、最直接、最现实的利益问题，凝聚起最广大人民的智慧和力量。

中华人民共和国成立以来特别是改革开放以来，我们党团结带领人民在发展社会主义民主政治方面取得了重大进展，成功开辟和坚持了中国特色社会主义政治发展道路，为实现最广泛的人民民主确立了正确方向。国外左翼学者对于中国特色社会主义民主政治的研究，已经构成海外中国研究的重要组成部分，他们以一种相对理性、务实、中立的态度审视中国民主政治的历史来源、制度优势和世界意义。国外左翼学者勇于突破"西方中心主义"的理论思维，认识到中国民主政治的主体性和优越性，对于中国的民主政治建设和对外话语传播具有重要的启示。

一是从全球视野中把握中国民主政治的优越性，坚定中国政治制度自信。从大的历史趋势来看，越来越多的西方学者已经超越"西方中心主义"的窠臼，认识到中国民主政治的主体性和优越性。中国民主政治制度能够有效保证人民享有更加广泛、更加充实的权利和自由，保证人民广泛参加国家治理和社会治理；能够有效调节国家政治关系，发展充满活力的政党关系、民族关系、宗教关系、阶层关系、海内外同胞关系，形成安定团结的政治局面；能够集中力量办大事，有效促进社会生产力解放和发展，促进人民生活质量和水平不断提高；能够有效维护国家独立自主，有力维护国家主权、安全、发展利益，维护中国人民和中华民族的福祉。中国的民主体制显然比西方的自由民主制更为出色，充分展现出其巨大的制度优越性。中国人民应该对中国的民主政治具有充分的信心，坚持和发展社会主义民主政治，绝不走西方多党民主制的邪路和歪路。

二是进一步发展社会主义民主政治，提高国家治理现代化水平。越来越多的海外学者承认中国特色社会主义民主政治的主体价值和制度优势，但是，这并不意味着中国的民主政治已经尽善尽美。面对人民对民主的更高要求，中国民主政治还需要经历进一步的发展和完善，我们"要长期坚持、不断发展我国社会主义民主政治，积极稳妥推进政治体制改革，推进社会主义民主政治制度化、规范化、程序化"。要构建程序合理、环节完整的社会主义协商民主体系，确保协商民主有制可依、有规可守、有章可循、有序可遵，拓宽民主协商渠道，深入开展多种协商，建立健全多种协商方式，保证人民在日常政治生活中有广泛、持续、深入参与的权利。我们完全有信心、有能力把我国社会主义民主政治的优势和特点充分发挥出来，为人类政治文明进步做出充满中国智慧的贡献。

三是建构中国民主政治的学术话语体系，批判西方少数人的偏见与误解。当代中国正在加强对外传播能力和话语体系的建设，中国学者要承担起建设中国民主话语的责任和使命。一方面，中国学者要深入中国的民主实践，从现实经验中总结中国民主建设的经验，把握民主政治与国家治理、经济发展和民生建设的关系，将之提炼为系统化的学术话语体系。另一方面，中国学者要以包容开放的精神，在坚持中国立场的前提下，吸收和借鉴国外中国民主政治研究的方法，形成"融通中外"的社会主义民主话语。在这方面，国外左翼学者有关中国民主政治的研究为此提供了重要的思路和启示，他们所采用的视角、范式、方法等对于深化中国的民主研究具有重要的帮助。西方"民主的衰退"成为重新定义民主的新契机，中国学者应该充分利用这一历史机遇，构建出一种有中国气派和世界意义的民主话语体系。

四是始终坚持和平发展的道路，推动国际关系民主化、法治化、合理化。"大道之行也，天下为公。"公平正义是世界各国人民在国际关系领域追求的崇高目标。在当今国际关系中，公平正义还远远没有实现。我们应该共同推动国际关系民主化。世界的命运必须由各国人民共同掌握，世界上的事情应该由各国政府和人民共同商量。垄断国际事务的想法是落后于时代的，垄断国际事务的行为也肯定是不能成功的。面对国际形势快速复杂的变化，中国要坚持和平发展的道路，始终作为推动国际形势健康发展、维护国际战略平衡的建设性力量。中国要与世界各国共同努力，维护联合国宪章的宗旨和原则，推动国际关系民主化，实现全球人民共享发展成果的目标。推动国际关系民主化，实现人类命运共同体的建设将是新时代中国对外政策的重要目标。

第四章

法治是中国共产党治国理政的基本方式

—— 海外关于中国特色社会主义法治的研究

我们把中国共产党领导是中国特色社会主义最本质的特征写入宪法，完善党领导立法、保证执法、支持司法、带头守法制度，党对全面依法治国的领导更加坚强有力。海外学者对中国法治的研究起源于 20 世纪 60 年代，经过半个多世纪的发展，海外的中国法治研究已经取得了巨大的进步。以中国法为专业的学者的数量明显增多，不少法学之外的专家都加入中国法的研究，一批有影响力的中国法研究中心先后创立，学术期刊上有关中国法的研究文章不断增多，以中国法研究为主题的学术会议频繁召开，中国法治研究成为海外中国学的重要领域。

一、中华传统法系的基本精神

在漫长的历史发展中，中华法治文明积淀了深厚的法律文化，形成了独特的法律精神，彰显了中华民族的伟大创造力。中华法系在世界几大法系中独树一帜，其中有很多优秀的思想和理念。中国建设社会主义法治国家，需要传承和弘扬中华优秀传统法律文化，在新的时代条件下赋予中华法治文明新的内涵。越来越多的学者已经认识到中国特色社会主义法治的主体价值及其世界意义。

　　美国汉学家德克·博德（Derk Bodde）认为，中国古代确实存在着独特的法治传统，即中华传统法系。虽然这一法系与西方有着很大的不同，从今天的视角来看也存在着某些缺点，但这并不妨碍中华传统法系的合理性存在。其中蕴含的乐观主义、对人性善的追求以及德法并治的传统等，都是中华传统法系的优点，是中华文明繁衍和发展的重要制度因素。中华传统法系构成了当代中国法治最重要的历史来源之一。传统中国的法律观念有明显的人道主义精神，法律对老人、少年以及精神和身体有缺陷的人都给予了特殊的减刑和免刑的照顾，妇女在很多犯罪案件中也享受收赎的特权，这种人道主义精神深刻影响了当代中国的法治路径。①

　　美国哈佛大学教授安守廉（William P. Alford）指出，尽管中华传统法系缺少西方的条理分明，富有逻辑性、普遍性等特点，但是也有很多优点，包括对人性的信任、对道德的重视、对集体价值的强调等。"最好的办法是约束人的思想、道德和行为，而不是诉诸法律"，这一观点即使在今天仍有其进步意义。② 这些学者在高度评价中国古代法治传统的同时，都承认当代中国法治深受古代法的影响。

　　美国加利福尼亚大学洛杉矶校区历史系黄宗智（Philip C. C. Huang）认为，广义的中国法治体系来源于三大传统：一是古代中国的传统法系，包括非正式的正义体系、社区的调解机制、行政与法律的交织等，如今仍然有非常明显的体现；二是20世纪以来中国的革命传统，包括党国政治体制和社会主义话语，在中国法治中有着很大的影响；三是从西方尤其是大陆法系移植过来的成文法律，包括其自由权利的话

① 博德. 传统中国法律的基本观念. 刘健，译［M］//张中秋. 中国法律形象的另一面——外国人眼中的中国法. 北京：中国政法大学出版社，2012：10.
② 张冠梓. 美国学者眼中的中国法制化——哈佛大学安守廉教授访谈［J］. 国外社会科学，2010（3）：123-126.

语，以及经过法律逻辑整合的众多法则和条文。因此，那种把中国特色社会主义法治与西方自由主义法治严格对立起来的观点是绝对错误的，前者在某种程度上已经包含了后者，唯有综合三大传统才有可能真正认识到并建立中国法治的特色。①

进入改革开放历史新时期，我们党提出"有法可依、有法必依、执法必严、违法必究"的方针，强调依法治国是党领导人民治理国家的基本方略、依法执政是党治国理政的基本方式，不断推进社会主义法治建设。在海外中国学界具有一定影响力的美国华裔历史学家黄仁宇（Ray Huang）对中国的法治建设寄予很高的期待，他在《〈万历十五年〉和我的大历史观》一文中写道，"现在中国当前的任务，则是在高层机构和低层机构间敷设有制度性的联系（institutional links），才能从上至下，能够以经济及法治的方式管理"。②

中国法治既继承了中华传统法系的优秀基因，也借鉴了世界上优秀的法治文明成果，体现了其包容性。此外，还有部分学者专注于一个特定的法律领域，以此说明中国法治的三大来源。耶鲁大学法学博士丁晓东以中国的家庭婚姻法为中心，指出西方关于婚姻的"民事契约"一说无法解释中国的家庭及其法律问题，在他看来，儒家文化、社会主义和自由主义都对中国的历史产生了影响，三者共同构建了中国的家庭观念，儒家将家庭视为约束生物冲动的道德共同体，社会主义认为家庭充满奉献与劳动的精神，自由主义则认为家庭由市场中的理性个人组成。事实上，三者共同塑造了中国的家庭观及其法律，这是理解中国家庭婚

---

① 黄宗智. 中国正义体系的三大传统与当前的民法典编纂 [J]. 开放时代, 2017 (6)：12-37, 5.

② 黄仁宇. 万历十五年 [M]. 北京：中华书局, 2006：228.

姻法的历史文化前提。①

在西方学术界，仍旧有不少学者基于西方中心主义的价值观，否认法治在中国的现实存在。这些学者可能是因为对中国法治缺乏了解，也有可能是因为其根深蒂固的意识形态偏见，还有可能是因为对西方霸权利益的狭隘关切，种种原因导致他们对中国法治作出了错误的判断。如罗·H. 安德森（Paul H. Anderson）指出，中国远不是真正的"依法治国"，它离西方法治的那些核心要素还有很长的距离。② 黄宗智对"西方中心主义"的中国法治观进行批判，中国特色社会主义法治作为一种具有高度主体性的制度安排，它拥有三方面的历史来源：中华传统法系构成了中国法治的基础，马克思主义为中国法治提供了指导理论，自由主义法治为中国法治提供了借鉴。历史的传统，革命的传统与自由的传统，在中国的法治体系中得到了有机的统一，这是我们理解中国法治的重要前提。中国特色社会主义法治与资本主义法治有着本质的区别。③

二、社会主义法治与国家的治理能力

针对党的十八届四中全会提出的全面依法治国方略，海外学者肯定了这是中国坚持社会主义法治的明确宣示。海外学者还从实证法学的角度，审视法治在新中国发展中的贡献和成就。在这些学者看来，仅仅从

---

① DING X D, ZHONG D L. Towards a Thick Description of Chinese Family and Political Culture: Confucianism, Socialism and Liberalism in China [J]. Frontiers of Law in China, 2014, 9 (3): 425-445.

② 海尔曼. 中国的立法、人大与政协 [M] //吕增奎. 民主的长征：海外学者论中国政治发展. 北京：中央编译出版社，2011：171-179.

③ 黄宗智. 中国正义体系的三大传统与当前的民法典编纂 [J]. 开放时代，2017 (6)：12-37, 5.

抽象的层面谈论法治是不够的，学术界要真正获得对中国法治的正确认识，还必须从中国的现实实际出发，考察法治在国家建设和发展中的作用。国家治理、经济发展和社会正义，构成了海外学者研究中国法治现实的三个主要维度。中国作为一个超大的文明体，首先要确保强大的国家能力，这是中国作为一个大国得以繁衍和发展的前提。这一特点在中国法治中得到了重要的体现，宪法确认了中国共产党的领导地位，法治有利于加强中央政府对地方的治理，政府需要在法治的框架下保持一定的灵活性，并通过依法治国和以德治国的结合提升国家治理的效果，法治将使各方面制度更加成熟、更加定型。

（一）社会主义法治巩固党的领导制度，巩固社会主义基本制度

党的十八大以来，党中央明确提出全面依法治国，并将其纳入"四个全面"战略布局予以有力推进。党中央组建中央全面依法治国委员会，从全局和战略高度对全面依法治国做出一系列重大决策部署，推动我国社会主义法治建设发生历史性变革、取得历史性成就。中国共产党领导是中国特色社会主义最本质的特征，中国宪法修改建议将这个内容明确载入宪法总纲，对于巩固党的领导和社会主义制度具有重要的意义。坚持党的领导是社会主义法治的根本要求，是全面依法治国中的应有之义。中国共产党执政并长期执政，坚持依宪治国、依宪执政，首先就包括坚持宪法确定的中国共产党领导地位不动摇，任何人以任何借口否定中国共产党领导和中国特色社会主义制度，都是错误的、有害的，都是绝对不能接受的，也是从根本上违反宪法的。

英国皇家学院法学教授帕瑞·凯勒（Perry Keller）回溯了中国特色社会主义法治建设的早期历史，在文章中指出，马克思主义法学理论以及苏联法律实践对中国的法治建设"产生了决定性的影响"。中国的理论家认为法律是统治阶级意志的正式、规范的表述，它由国家为维护统治阶级的利益而制定，并依靠强制力保证施行。基于这一理论，中国的

社会主义法治强调党作为无产阶级代表的法律"创制权",人民代表大会是国家唯一的权力机构,法律的内容和形式应该根据社会发展的需要做出改变,等等,这些都体现了社会主义法治的原则。①

美国宾夕法尼亚州立大学法学教授拉里·卡塔·巴克尔(Larry Catá Backer)指出,在中国的国家制度结构中,中国共产党并不是一个西方式的纯粹政党,而是充当一个不可分割的国家权力机构。党在国家的日常运作中居于核心地位,党、政府和国家的统一构成了中国制度结构的最重要的特质,这是中国特色社会主义的根本特征。基于这种政治独特性,中国的宪法框架首先要规定中国共产党的政治领导地位,以提供党领导国家的政治合法性,并确保这种领导地位得到制度上的保障。西方绝对不应该以自由主义的观念来评价中国的法治体系。中国共产党领导中国革命的历史,以及新中国成立以后的社会主义法治建设,使社会主义的原则和价值深深地融入到中国的法治体系中,包括党的领导地位、人民代表大会的立法权、对社会平等的追求和重视,以及法律的适应性调整等,这些都体现了社会主义法治的特质。②

加州大学洛杉矶分校教授裴文睿(Randall Peerenboom)在《高举中国特色社会主义法治旗帜——四中全会对中国的法治改革意味着什么?》一文中指出,这次会议具有三个方面的历史意义:一是向国内外明确表示,中国将追求符合自身特色的社会主义法治道路;二是超越区域和部门利益,从中央层面构建全面系统的法治改革方案;三是从法治的硬件向软件过渡,在干部群众中宣传和推广法治的理念与规则。这次

---

① 凯勒.中国法的渊源.桂万先,译 [M] //张中秋.中国法律形象的另一面——外国人眼中的中国法.北京:中国政法大学出版社,2012:142.

② BACKER L C. The Rule of Law, the Chinese Communist Party, and Ideological Campaigns: Sange Daibiao, Socialist Rule of Law, and Modern Chinese Constitutionalism [J]. Journal of Transnational Law and Contemporary Problems, 2006, 16 (1): 101-174.

会议的根本意义在于，它宣示了中国将走社会主义法治的道路，而不可能复制西方的法治模式。中国的这一选择将对全球法治进程产生巨大影响。①

（二）社会主义法治加强中央政府的治理能力，巩固国家主权的统一

新加坡前领导人李光耀（Lee Kuan Yew）指出，在中国的法治进程中，加强中央对地方的治理能力至关重要。治理中国这样一个超大规模的国家，关键是要立规矩、讲规矩、守规矩，法律是当代中国治国理政最重要的规矩。中国是一个有 14 亿多人口的大国，地域辽阔，民族众多，国情复杂。中国共产党在这样一个大国执政，要保证国家统一、法制统一、政令统一、市场统一，要实现经济发展、政治清明、文化昌盛、社会公正、生态良好，都需要用好法治方式，通过法治来维护中国的国家主权统一。中国推进全面依法治国，将从制度和程序上进一步保证中央政府的领导权威，加强中央对地方的治理能力，"如果地方政府犯了错误，就可以根据相应的法律程序让其进行解释并加以惩罚，用这种方式约束地方政府，比之前惯常采用的无休止的会议有效得多"②。

美国加州大学中国古代史教授戴梅可（Michael Nylan）指出，法治与德治的结合降低了国家治理的成本，中国传统法系的部分特点在于它的政治性，这种政治性恰恰是中华文明在数千年的时间里维持统一和稳定的原因。西方的罗马帝国一味依赖于法治来维护统治，其结果是治理成本的大幅增加，以及内部地区的离心离德，最终导致罗马帝国的解体，这是欧洲至今难以实现统一的历史原因。与此不同，中国发展出了

---

① PEERENBOOM R. Fly High the Banner of Socialist Rule of Law with Chinese Characteristics: What Does the 4th Plenum Decision Mean for Legal Reforms in China? [J]. Hague Journal on the Rule of Law, 2015, 7 (1): 49-74.

② ［新加坡］李光耀，口述. 艾利森，布莱克威尔，温尼，编. 李光耀论中国与世界 [M]. 蒋宗强，译. 北京：中信出版社，2013：18.

德、法并治的传统，法家代表人韩非子提出的法治思想重在维护统治者的权威，其目的是确保中央政府对国家全局的控制力；同时，中国又非常重视道德伦理的作用，"以一种完备的礼法体系来弥补法治赏罚制的不足"，这是中国长期大一统的重要原因。①

（三）社会主义法治提高党的执政能力，实现令行禁止的效果

坚持和完善中国特色社会主义法治体系，提高党依法治国、依法执政能力，需要有力的制度保障。依法治国首先要坚持依宪治国，依法执政首先要坚持依宪执政。郑永年指出："法治建设需要一个强有力的领导主体，唯此方能避免出现只有文本和制度而没有法治实践的现象。"中国要完善立法体制机制，不断提高立法质量和效率，聚焦我国社会主要矛盾深刻变化，坚持法治建设为了人民、依靠人民，健全社会公平正义法治保障制度。当然，全面依法治国必须抓住领导干部这个关键少数。郑永年指出："在东亚文化背景下，推动者的示范作用对于法治建设尤为重要。"法治如果不能有效严格适用于"关键少数"，那么必然会产生法不责众的问题。因此，中国党员干部必须带头尊法、学法、守法、用法，树立办事依法、遇事找法、解决问题用法、化解矛盾靠法的法治理念，提高运用法治思维和法治方式的能力，充分带动全社会严格执行和遵守法律，运用法治力量促进发展、保障善治。"世界上并不存在统一的宪政模式"，坚持正确的法治方向，坚持法治道路的中国特色具有重要的意义。②

中国共产党通过领导革命重建了国家的高层政治；其次，改革开放有效地激发了社会的活力和生机；最后，当务之急在于"修订法制，

---

① 戴梅可. 古代中国"帝国"论［M］//穆启乐，闵道安. 构想帝国：古代中国与古罗马比较研究. 上海：复旦大学出版社，2013：36-51.

② 郑永年. 依法治国需要坚强的领导主体［M］//解读中国工作室. 读懂中国：海外知名学者谈中国新时代. 天津：天津人民出版社，2019：153.

敷设上下间的联系作为永久体制",唯有如此,"才能谈得上革命最后成功"。①

(四)中国通过党内法规和法治打击腐败,建设社会主义廉洁政府

欧洲智库马达里亚加基金会执行主任皮埃尔·德福安(Pierre De-fraigne)认为,法治是中国落实反腐败、建设廉洁政府中的重要安排。腐败在世界任何国家都是难以治愈的顽疾,是导致社会不公的重要诱因。腐败的实质是权力的滥用,反腐败的核心是制约和监督权力。用制度约束权力,使权力正确规范地行使。在法治框架下查处腐败,使反腐败走向规范化、制度化,这是中国共产党反对腐败、建设廉洁政府的根本方向。党的十八大以来,中国法治在惩治腐败、约束权力滥用方面取得明显的成效,中国不仅对普通民众构成约束,还将掌握权力的政府官员同样纳入法治轨道,显示出中国新一届领导集体打击腐败的坚定决心。②

新西兰工党主席奈杰尔·霍沃斯(Nigel Haworth)在《中国共产党为何全面从严治党》一文中指出,所有政党都需要纪律,尤其是关于党的自身建设、执政方略和执政路线等方面的纪律,对于实现党的执政目标,满足党所代表的人民利益至关重要。中国共产党提出要运用法治思维和法治方式反对腐败,加强反腐败国家立法,加强反腐倡廉党内法规制度建设,让法律制度刚性运行。《中共中央关于全面推进依法治国若干重大问题的决定》为全面推进依法治国指明了方向。党的十九大再次强调要坚持厉行法治,推进反腐败国家立法。中国共产党推行全面

---

① 黄仁宇. 中国大历史 [M]. 北京:生活·读书·新知三联书店,2007:333.

② 崔小粟. 欧洲智库学者谈中国反腐:权力纳入法治轨道有益现代民主——专访马达里亚加基金会执行主任皮埃尔·德福安 [EB/OL]. 中国共产党新闻网,2013-12-04.

依法治国，通过扎紧制度的笼子来对权力进行严格的监督和制约。这不仅对于国家建设至关重要，而且有利于经济的持续发展，还增强了中国的国际软实力。①

三、法治保障社会主义市场经济

改革开放以来，我国市场经济建设不断走向完善，取得了举世瞩目的成就，面临的机遇与挑战前所未有。习近平总书记强调，"做好改革发展稳定各项工作离不开法治，改革开放越深入越要强调法治。要完善法治建设规划，提高立法工作质量和效率，保障和服务改革发展，营造和谐稳定社会环境，加强涉外法治建设，为推进改革发展稳定工作营造良好法治环境"。② 新时代加快完善社会主义市场经济体制，必须全面推进依法治国，通过加强法治建设为市场经济建设提供制度保障。中国经历了长达几十年的经济增长，已经成为全球经济稳定的重要发动机和压舱石，法治在中国的经济增长中起到了重要的作用。法治为中国的市场经济提供了基本的规则体系，与政府在经济发展中的积极作用相互配合，对于中国的出口贸易具有重要意义，在实现绿色发展方面扮演了重要的角色。

（一）社会主义法治保障公有制的主体地位，维护社会主义基本经济制度

社会主义法治首先保障社会主义公有制的主体地位。法治强化了对公私产权的保护。公有制作为人类经济发展史上特定历史阶段的基本经济制度，必须有相应的法权保证和政治机制——社会主义法治和社会主

---

① 霍沃斯. 中国共产党为何全面从严治党 [M] //解读中国工作室. 读懂中国：海外知名学者谈中国新时代. 天津：天津人民出版社，2019：179.
② 习近平主持召开中央全面治法治国委员会第二次会议 [N]. 人民日报，2019-2-26.

义民主。"两个毫不动摇"是党对我国基本经济制度的丰富和发展。毫不动摇地巩固和发展公有制经济，加强法治对公有制经济的保障，重点集中在深入推进供给侧结构性改革、国有资本授权经营体制改革、国有资本布局优化和转型升级服务，加强治理的法治化、透明度和公信力，加强对职务犯罪的打击，切实维护国有资本安全。

（二）社会主义法治保障非公有制经济，促进了中国经济的良性发展

从中国改革开放的历史来看，党的领导与法治的结合构成了中国经济发展的重要经验。美国学者多纳德·克拉克（Donald Clark）在《法律在中国经济发展中的作用》一文中指出，中国的发展经验证明政府与法治的互动关系对于经济发展最为重要。法律对于企业产权改革和市场竞争秩序起到了重要的作用，中国鼓励、支持、引导非公有制经济发展，保证各种所有制经济依法平等使用生产要素、公平参与市场竞争、同等受到法律保护。加强对民营主体的保护，依法保障市场在资源配置中的决定性作用，完善产权和要素市场化配置制度，实现产权有效激励、要素自由流动、价格反应灵活、竞争公平有序、企业优胜劣汰。政府内部的干部选拔体制，不同地区间的竞争等，促使地方领导干部更加尊重产权制度。政府和法律的这种互动关系构成了经济增长的重要因素，这与西方的法治理论有着很大的不同。①

社会主义法治提供了统一的规则体系，对于中国参与国际贸易起到了重要作用。法治还为中国企业参与全球贸易，提供了更为协调的规则体系，对实现出口导向型的经济增长起到了重要的作用。美国布朗大学教授谢德华（Edward Steinfeld）在《中国的逻辑》一书中指出，法治

---

① 克拉克.法律在中国经济发展中的作用［M］//勃兰特，罗斯基.伟大的中国经济转型.方颖，赵扬，等译.上海：格致出版社，2009：354.

对于跨国贸易是一项基本的制度框架，是全球化时代最重要的规则体系。中国加入世界贸易组织以来的重大变化，在于自身的法治进程更多地与国际规则接轨，最终在政府和企业之间形成了一套共同的话语和基本的规则。这对于中国经济的深度全球化具有重要的意义：一方面，外资企业得以进入中国市场，并与国有和民营企业一道分享中国经济增长的"蛋糕"；另一方面，中国企业能够实现对外出口，它与投资、消费一起成为拉动中国经济增长的三驾"马车"。①

印度工商联合会执行董事阿都尔·达拉科缇撰文指出，新时代中国推进全面依法治国将为中国的对外开放奠定坚实的基础。中国提出开放发展的理念，这需要法治理念作为支撑，为国外投资者提供良好的环境，推动全球经济的可持续发展，创造一个更加公平美好的世界。"这对所有外国投资者来说都是一个大好消息，因为海外投资者希望能在具有增长潜力以及受到法律保护的环境中进行投资。所有这些政策将进一步提高中国对世界的开放性。"中国因此正在成为全球性的创新创业中心，法治的透明将推动中国更好地践行对外开放的理念，有利于中国梦的实现。②

（三）社会主义法治对知识产权的保护，对于中国的创新起到重要的作用

创新是一个民族进步的灵魂，是一个国家兴旺发达的不竭源泉。《中华人民共和国专利法》（以下简称《专利法》）的颁布实施，承担起了通过知识产权制度释放创新活力、推动经济发展的历史使命，开启了中国专利事业从无到有，再到良法善治的进程，推动着我国专利事业

① 谢德华. 中国的逻辑：为什么中国的崛起不会威胁西方 [M]. 曹槟，孙豫宁，译. 北京：中信出版社，2011：139.
② 达拉科缇. 全面依法治国为中国对外开放奠定基础 [M] //解读中国工作室. 读懂中国：海外知名学者谈中国新时代. 天津：天津人民出版社，2019：165-166.

的发展。《专利法》的修改完善始终与经济社会发展同频共振，汇聚起推进高质量发展的强大法治力量。中国已经逐步建立起了符合国际通行规则、门类较为齐全的知识产权法律制度，专利行政保护和司法保护全面加强，营商环境持续改善，全社会的知识产权意识不断加强。

法治对于中国转变经济增长方式，实现可持续发展同样意义重大。英国外交政策中心研究员安吉·奥斯汀（Angie Austin）高度评价了法治建设对于推动绿色可持续发展的重要意义，中国政府通过将电力、石油等能源行业置于法律管理而非行政命令之下，有效地提升了能源监管的效率，改善了国家的环境质量。[①]

（四）中国法治坚决打击各种经济犯罪行为，维护宏观经济秩序的稳健

美国芝加哥大学法学院教授肯尼斯·达姆（Kenneth W. Dam）指出，尽管中国语境下的法律制度对于经济增长的贡献不如西方国家那么明显，但是我们不能因此否定法律在中国经济增长中的作用。中国政府正在进一步提高打击经济犯罪的能力和水平，依法防范和打击经济犯罪，有效防控风险，切实保障人民群众利益，维护社会大局稳定。中国法院将全力防范和化解金融风险，严厉打击非法集资、网络传销、内幕交易、操纵市场等经济犯罪。依靠法治打击了有碍于经济发展的犯罪行为。中国要实现可持续的经济增长，必须通过法治来解决当前的腐败、"关系"贷款、公司治理等方面的问题。[②]

《中国经济季刊》总编辑乔·史塔威尔指出，如果中国在法治领域不能做出更大的进步，中国社会将不可避免地面临更多的摩擦和挑战，

---

① 奥斯汀. 中国能源与电力：国内监管与外交政策［M］//雷默，等. 中国形象：外国学者眼里的中国［M］. 沈晓雷，等译. 北京：社会科学文献出版社，2008：237.

② DAM k W. China as a Test Case：Is the Rule of Law Essential for Economic Growth? ［R］. Chicago：University of Chicago Law School, 2006.

最终会阻碍和拖累中国的经济增长。打击和防范经济犯罪工作，事关经济发展、民生建设和社会稳定，必须切实加强。中国政府应该以防控经济风险为重点，加强法治建设、预警监测、防范宣传工作，坚决打击重点领域经济犯罪，坚决打击合同诈骗、侵权假冒等多发性经济犯罪，全面遏制各类经济犯罪活动。中国必须在提高技术创新能力的同时，进一步加强法治建设以完善其体制架构，"只有这两者结合在一起，才能使中国成为世界领先的国家"[1]。

四、法治维护社会的公平正义

中国法治对社会主义原则的坚持，集中体现在它对于社会平等有着更高的追求。与西方法治主要代表资产阶级的利益不同，中国法治代表了最广大人民的利益，它对于普通民众的权利有着更高程度的保护，最大程度上维护了社会的公平正义。中国人民的获得感、公平感、幸福感在依法治国进程中得到了明显的提升。

社会主义法律始终代表人民的根本利益，而不是利益集团的利益。班内特（Yan Chang Bennett）和约翰·加里克（John Garrick）在《习近平领导下的中国特色社会主义法治改革》一书中指出，在中国，法律体现全体人民的意志，由代表全体人民利益的代议机关制定，这是社会主义法治不同于资本主义法治的所在。中国法律和行政机构的现代化建设面临着重要的法律挑战，越来越多的行为体正在试图影响中国的法治进程，包括证券监管机构、银行家、会计师、律师、地方级调解人和一些中国新富，他们想要更多地表达自己的利益和关切。中国共产党正努力保持其领导地位，并在立法中保障农民、工人等普通劳动者的利

---

[1] 史塔威尔. 亚洲大趋势：中国和新兴经济体的未来［M］. 蒋宗强，译. 北京：中信出版社，2014：270.

益，平衡新兴中产阶级与相对弱势群体的利益关系，确保法治的公正性。①

中国禁止官员对司法审判的干预，维护人民的公平权利。扎克利·凯科（Zachary Keck）在《外交家》杂志发表的文章中认为，中国的法治进程将强化中央对地方的治理，尤其是要打击地方官员的腐败行为，并抑制他们对法庭审判的不当干预，这对于国家治理和社会正义都具有重要意义。近期中国查处的一系列大案要案都表明，中国共产党对于打击贪污腐败的坚定决心，不管涉及谁，不管涉及哪一级，都会坚持一切皆断于法。对于高级官员的腐败查处，中国从依法指定管辖，到公开透明审理，纵观整个案件查办过程，从一开始就沿着法治轨道逐步推进，法治精神和法律原则得到了充分体现。这种对法治的共识，贯穿于治国理政的每一步，体现在反腐倡廉的每一个环节。这表明了中国共产党和国家"用法治思维和法治方式反对腐败"的鲜明态度和坚定决心。②

还有学者对中西方的法官制度作了比较研究，中国的法官更能够克制金钱和资本的影响，进而致力于维护社会的公平正义。加强队伍建设是做好人民法院工作的关键，实现人民法院工作的新发展归根到底要靠一支高素质的法官队伍。法官是司法公正的实现者和捍卫者，法官群体的政治素养和业务能力，在一定程度上直接影响着司法公正的实现。华尔街的高管们至今逍遥法外，他们的严重欺诈行为造成了巨大的经济损失，并摧毁了数以百万计的中产家庭，但由于他们掌握着强大的经济特权和律师力量，逃避了应受的法律制裁。③

---

① Bennett y c, Garrick j. China's Socialist Rule of Law Reforms Under Xi Jinping [M]. London：Routledge，2016：4-7.

② KECK Z. 4th Plenum：Rule of Law with Chinese Characteristics [EB/OL]. The Diplomat Website，2014-10-20.

③ 巴利特，斯蒂尔. 被出卖的美国梦 [M]. 陈方仁，译. 上海：上海人民出版社，2013：227.

五、中国特色社会主义法治的世界意义

习近平总书记在和平共处五项原则发表 60 周年纪念大会上的讲话中指出：我们应该共同推动国际关系法治化。推动各方在国际关系中遵守国际法和公认的国际关系基本原则，用统一适用的规则来明是非、促和平、谋发展。"法者，天下之准绳也。"在国际社会中，法律应该是共同的准绳，没有只适用于他人、不适用于自己的法律，也没有只适用于自己、不适用于他人的法律。适用法律不能有双重标准。我们应该共同维护国际法和国际秩序的权威性和严肃性，各国都应该依法行使权利，反对歪曲国际法，反对以"法治"之名行侵害他国正当权益、破坏和平稳定之实。以习近平同志为核心的党中央之所以在宪法文本基础之上提出"法治中国"的重大政治命题，是站在国际法治体系的全球战略高度，以建构人类命运共同体的天下胸怀，向世界各国展现一个对国际法治价值理想与秩序孜孜以求的中国，一个遵循国际法治、维护国际公平正义的中国，一个坚定不移走和平发展道路的中国。因此，法治中国就是一张向世界各国展示的中国"名片"，它向世界展现中国在当代国际法治体系中的良好的国家形象。

（一）中国坚持中国特色社会主义法治道路的意义

意大利都灵大学国际法与比较法法学教授乌戈·马太（Ugo Mattei）认为，中国特色社会主义法治道路具有重要的世界意义。二战以后，尤其是冷战以来，法治成为当代世界最流行的话语，这事实上反映了西方强大的法治话语霸权——法治已经成为新帝国主义的话语工具。他指出自由主义法治观念是一套服务于西方的意识形态，是"西方世界为征

服与掠夺进行辩护、管理和授权的工具"①。在这样的一种背景下，中国选择了一种符合自身历史和国情的法治道路，在融入了全球规则体系的同时，又规避了那些可能给中国带来危险的法律条款。中国法治道路不仅引发了西方对自由主义法治的反思和批评，而且为其他国家提供了法治的多元选择。

美国埃默里大学法学教授络德睦（Teemu Ruskola）在《法律东方主义：中国、美国与现代法》一书中指出，从中国特色社会主义的历史来看，中国是通过革命脱离半殖民地半封建社会的。在旧中国的对外关系中，法律帝国主义构成了西方与中国关系的重要维度，法治为便于西方掠夺的同时，为中国带来了更多的分裂、贫穷与痛苦。摆脱西方的法律体系，选择自身的法治道路，成为中国特色社会主义法治建设的起点。19 世纪以来的中国已经开始处于法律帝国主义的压迫之下，美国作为一个新兴西方大国在中国的影响力不断上升，它更愿意以法治移植的方式建立一种"非领土型的殖民帝国"②。在晚清至中华民国长达半个多世纪的时间里，正是这样的一种话语叙事在诱导着中国连续不断地自我东方化。毛泽东领导的中国革命的重要意义在于，它通过"打扫屋子"清除了西方在中国安排的陈规旧律，并在中国开始了社会主义法治道路的探索。

英国沃里克大学法学教授乌彭德拉·巴克西（Upendra Baxi）在《比较法研究》一书中指出，中国的社会主义革命起源于对帝国主义法律的抵抗。西方主导的法治在将殖民暴力及其事实合法化的同时，在殖民地国家培养了一个忠心服从西方意志的买办阶层，他们不仅从殖民统

① 马太，纳德. 西方的掠夺：当法治非法时［M］. 苟海莹，译. 北京：社会科学文献出版社，2012：1.

② 络德睦. 法律东方主义：中国、美国与现代法［M］. 魏磊杰，译. 北京：中国政法大学出版社，2016：2.

治体系中获得一些残羹冷炙，而且变成了忠心耿耿的法律传教士，"不断赞美高度殖民化法律的进步本质"。乌彭德拉·巴克西高度评价了中国革命以及社会主义法治的贡献，"社会主义合法性的观念以及他们对资产阶级合法性的批评，对于革命殖民主义法律作出了重要的贡献"①。正是基于对法律帝国主义的反抗，中国走上了一条不同的法治道路。

部分自由主义学者的错误在于，他们没有从思维方式上跳出"西方中心论"的干扰，"西方有法，中国无法"的思维定式仍在起作用。事实上，中华传统法系的特点和优越性已经在上文论及，中国法治在继承传统法治的基础上实现了包容、开放、创新的发展，这是中国法治对西方法治的超越之处。此外，西方学者对中国法治的批评也带有新帝国主义的色彩，正如哈佛大学法学院教授马修·C. 斯蒂芬森（Matthew C. Stephenson）所揭露的，美国政策界希望将法治作为变革中国政治制度的"特洛伊木马"。② 对于西方学者的错误观点，中国必须保持定力，坚持中国特色社会主义的法治道路，坚决捍卫自身的国家主权。

（二）西方对自由主义法治的批判与反思

中国法治还引发了西方学术界对自由主义法治的反思。在西方的历史中，从来就不缺乏自由主义法治的批评者，昂格尔等批评法学家曾经对自由主义法治的虚伪性进行了深刻的揭露和批评。随着中国法治事业的推进，越来越多的学者认识到中国法治的优势，以及自由主义法治的问题，尤其是自由主义法治与金钱的关系，以及过多的法治对国家能力的伤害。

---

① 巴克西. 殖民主义传统 [M] //勒格朗，盲斯. 比较法研究：传统与转型. 李晓辉，译. 北京：北京大学出版社，2011：56.
② STEPHENSON M C. A Trojan Horse Behind Chinese Walls? Problems and Prospects of U. S. -Sponsored "Rule of Law" Reform Projects in the People's Republic of China [J]. UCLA Pacific Basin Law Journal, 2000, 18（1）：64-97.

哈耶克很早就认识到，资本主义法治存在被金钱腐蚀的风险。在西方从来就不缺少法治的批判者，法治与金钱的关系严重侵蚀了自由主义宣称的"正义"。美国米塞斯研究所刊文指出，西方的法治话语已经被剥夺了其最初的内涵，变得空洞无物，在金钱如此渗入司法体系的今天，代表自由理想的法治概念已经失去了它的意义和吸引力。①

尼尔·弗格森在《西方的衰落》一书中表达了同样的愤怒，自由主义法治极端推崇法律的作用，以至于本来很容易得出结论的事情在形式理性化的逻辑链条里都要经过复杂的论证，法治已经变为"律师之治"。这样的法律已经成为服务有钱人的工具，普通民众很难享受到同富人一样的自由权利。② 弗朗西斯·福山也对美国法治"过多"而国家能力不足的情况进行了反思。他指出美国式的自由主义法治存在严重的问题，政府的权力和作为受到过度的抑制，严重的法条主义使得政府难以有积极主动的作为。美国在理论上宣称要抑制政府的权力，但法院和立法部门却在不断扩张，甚至篡夺行政部门的很多正常职能。这导致了美国政府的治理能力低下，在运作过程中缺乏连贯性，在执法工作中也缺乏必要的协调性。此外，美国还存在着一种将法治"宗教化"的倾向，比如宪法已经成为一部准宗教的文献，而行政部门被法条主义所束缚，由行政部门处理的职能被逐步司法化，由此引发成本高昂的诉讼出现爆炸式增长，还导致决策迟缓以及司法和立法部门（也包括两大政党所发挥的作用）在美国政府中的影响力过大，而受损的是行政部门。③

---

① HAYEK F A. Decline of the Rule of Law［EB/OL］. Mises Institute Website，2019-11-11.
② 弗格森. 西方的衰落［M］. 米拉，译. 北京：中信出版社，2013：81.
③ 福山. 美国政治结构的体制性问题［N］. 参考消息，2014-04-08.

（三）为发展中国家提供法治的多元方案

中国的法治道路不仅意味着自身反对法律帝国主义的成就，更为广大发展中国家带来了新的希望和前景。长期以来，西方强大的话语霸权使得多数发展中国家都迷信西方的法治模式，但鲜有国家能够在这种模式上取得成功。中国法治探索的意义在于它揭示了法治的多元主义特征，即法治必须与自身的历史和国情相适应。

中国为发展中国家提供了一种新的法治方案。匹兹堡大学法学院教授兼副院长帕特·K. 邱（Pat K. Chew）指出，西方倾向于将法治视为一种至高无上的规则体系，无论是政治家、律师还是学者都存在对法治的"积极想象"，他们过分高估了自由法治的重要性。事实上，那些复制西方法治模式的发展中国家很少能够成功，中国的发展却证明了一种与自身文化相结合的法治不仅是可能的，而且是有效的。帕特得出的结论是，法治的有效性取决于两方面的条件：一是法治反映了当地社会的文化价值观，二是法治得到了国家和社会的重视，这两个方面的结合是法治在任何国家成功实现的前提。中国法治的重要特点是"人民之治（Rule of People）"，这为亚洲国家和发展中国家带来了一种新的图景。①

乌戈·马太认为，中国解构了西方关于法治只有唯一模式的神话。很多发展中国家因为引入西方的法治模式，陷入被剥削和掠夺的境地。中国以自身的成就证明了另一种法治道路是可能的，甚至是必要的。从比较法的角度来看，中国特色社会主义法治道路具有"去中心化"的意义，它为发展中国家寻求自身的法治道路提供了重要的启示。乌戈·马太呼吁世界法学界重视对中国法治经验的研究，以反映和推动世界各

---

① CHEW P K. The Rule of Law: China's Skepticism and the Rule of People [J]. Ohio State Journal of Dispute Resolution, 2005, 20: 43-67.

国在法治道路上的多元性。① 络德睦对中国法治路径的选择抱有乐观态度，在他看来，中国法治的成功将在世界范围内引起"法律东方主义向东方法律主义"的迈进。

（四）中国推动国际关系法治化，维护世界的和平与稳定

坚持国际法治是新中国一贯的外交实践原则。中国积极为国际法治贡献中国智慧、树立中国榜样。过去 60 年来，中国积极践行的和平共处五项原则，被写入中国宪法和与 160 多个国家的建交公报、双边条约，成为中国独立自主和平外交政策的基石。对外交往中，不论对方国家大小、贫富、强弱、持何意识形态，中国从不做违反国际法、损人利己的事，同时坚定依法维护国家的主权、安全和发展利益。中国在重大国际和地区问题上秉持正义，仗义执言，坚定捍卫以《联合国宪章》为核心的国际法基本原则和国际关系基本准则。中国坚持和平解决国际争端和历史遗留问题。中国以建设性姿态参与国际规则制定，在事关国际法解释、适用和发展的重大问题上积极发声。

苏克丽斯帕萨尼特（Sooksripaisarnkit）指出，国际私法在"一带一路"倡议中起到非常重要的作用。国际私法在世界各国民法和商法存在歧义的情况下，对含有涉外因素的民法和商法关系进行协调，解决应当适用哪国法律的问题。国际私法的基本原则包括主权原则、平等互利原则、国际协调与合作原则（有约必守原则），以及保护弱方当事人合法权益原则。中国已缔结了 23000 多项双边条约，加入了 400 多项多边条约，参与了几乎所有政府间国际组织，按照"条约必须信守"原则不折不扣地履行条约义务，严肃对待国际责任。国际私法应该成为这一

---

① 马太，施鹏鹏，陈盛. 现实主义视野下的比较法——以美国主要司法管辖区的比较法教学为中心［J］. 法学教育研究，2011，5（2）：239–252，346.

倡议取得成功的首要焦点。①

六、海外中国法治研究的评价与启示

海外学者对中国法治的研究经过半个多世纪的发展，已经取得了巨大的进步，不少法学之外的专家也开始对中国法进行研究，中国法治研究逐渐成为海外中国学的重要领域。海外中国法治研究开始突破"西方中心主义"的固有偏见，越来越多的学者认识到中国法治的制度优势和世界意义。但与此同时，仍有不少学者对中国法治抱有偏见。对海外学术界的中国法治研究进行梳理和评析，不仅能够从国际视角深化对中国法治道路的研究，而且对于全面依法治国具有重要的现实意义。

一是从国际比较的视角，坚定中国特色社会主义法治道路自信。海外学者对中国法治的研究开始突破"西方中心主义"的固有偏见，越来越多的学者认识到中国法治的制度主体性，在国家发展中的作用，以及它对世界法治进程的影响。我们从海外学者的视角能够认识到中国法治的成就和优势，但也要认识到全面依法治国进程中的问题和挑战，比如在法治对地方政府的约束力、司法审批的独立性、人民群众的法治意识、中国的法治话语等方面，我们还有很多的工作要做。全面依法治国要求我们在坚持社会主义法治道路的基础上，以改革创新的精神不断推进社会主义法治体系的自我完善，更加重视立法的代表性，确保法官依法独立审判，增强干部群众的法治意识，朝着社会主义法治国家的目标继续努力。

---

① SOOKSRIPAISARNKIT P, GARIMELLA S R. The Role of Private International Law in the Context of the One Belt One Road Initiative [M] //SOOKSRIPAISARNKIT P, GARIMELLA S R. China's One Belt One Road Initiative and Private International Law. New York: Routledge, 2018: 1-15.

　　二是以改革创新和包容互鉴的精神，促进中国特色社会主义法治的发展。中国法治继承了中华传统法系的优秀基因，同时坚持了社会主义法治的基本原则，这体现了中国法治的包容性和开放性。事实上，中国特色社会主义法治还吸引了包括自由主义法治在内的世界法治文明的有益养分，正如习近平总书记所强调的，"我们要学习借鉴世界上优秀的法治文明成果"①。黄宗智等华人学者认识到中国特色社会主义法治的包容性，这是一种巨大的进步。海外学者还从实证法学的角度，审视法治在新中国发展中的贡献和成就。在这些学者看来，仅仅从抽象的层面谈论法治是不够的，学术界要真正获得对中国法治的正确认识，还必须从中国的现实实际出发，考察法治在国家建设和发展中的作用。这些观点和方法也值得我们合理借鉴。

　　三是加强中外法学家的沟通与交流，构建融通中外的法治话语体系。海外学者对中国特色社会主义法治道路的研究，表明了海外的中国法治研究正在发生一种历史性的转变。越来越多的学者开始从西方中心主义的泥潭中走出来，以一种客观、理性和中立的态度来看待中国的社会主义法治建设，进而认识到中国法治的主体价值、制度优势和光明前景，这是海外中国学的巨大进步。海外学者对中国法治道路的正面评价，是需要极大的政治勇气和学术勇气的，他们真正践行了知识分子的责任感，他们在研究中所展示的"全球史观"，以及他们对发展中国家通过法治实现发展的关切之情，都体现了学者应有的理性与良知。中国学术界要建构中国的法治话语体系，必须加强与海外学术界的合作与沟通，在彼此的交流互鉴中构建一种真正能够融通中外的中国法治话语体系。这是中国学者的使命和责任，也是我们面临的前所未有的时代机遇。

---

　　①　习近平. 加快建设社会主义法治国家 [J]. 求是，2015（1）：3-8.

　　四是加强对外传播能力建设，批评海外学界关于中国法治的错误观念。部分西方学者对中国法治的认识还存在偏见，他们将源于西方的自由主义法治奉为圭臬，完全无视包括中国在内的其他国家在法治建设上的探索与创新。这是一种西方文明的傲慢，是西方话语霸权的体现，更是西方主导的新帝国主义策略的组成部分——西方的真正目的在于引导广大发展中国家走向自由化的道路，进而成为西方主导的全球资本主义体系中的边缘者和依附者。这些错误的观点给中国的法治建设带来了巨大的干扰，并影响了中国政治改革和法治建设的国际形象。中国学者必须有充分的政治责任感和学术敏锐感，对西方的错误观点进行回应和批判。这些西方学者的错误在于，他们没有从思维方式上跳出"西方中心论"的干扰，"西方有法，中国无法"的思维惯式仍在起作用。中国必须保持定力，坚持中国特色社会主义的法治道路。

第五章

国有企业是中国特色社会主义的物质基础

—— 海外中国特色现代国有企业研究评析

　　国有企业改革在中国特色社会主义事业中具有极其重要的地位。海外学者高度关注中国的国有企业改革，他们围绕着改革的成就、存在的问题、未来的方向以及对世界的意义等方面，对中国国有企业做出了一系列重要的研究。尽管部分学者在研究中带有意识形态的色彩，但多数学者都能够以理性、客观的态度分析中国国有企业改革的情况。他山之石，可以攻玉，对海外学者的研究进行跟踪、梳理和评析，不仅是中国特色社会主义政治经济学建设的需要，更有利于国有企业改革与发展的现实实践。我们要全面贯彻落实党中央决策部署，毫不动摇巩固和发展公有制经济，坚持公有制主体地位，发挥国有经济主导作用。

一、社会主义建设时期的国有企业研究

　　没收官僚资本归人民的国家所有，是新民主主义革命的经济纲领之一。到 1950 年初，全国接管官僚资本的工矿企业 2800 余家、金融企业 2400 余家。以此为主要基础，具有社会主义性质的国有经济迅速建立起来。它一经建立，就成为整个社会经济的领导力量和新中国发展生产、繁荣经济的主要物质基础，为以后的社会主义改造做了重要的物质

准备。国外学者普遍注意到，中国对私营企业的接管是以和平方式进行的，在私人所有制向国家所有制的变更过程中，私人资本家获得了很好的保护和一定的补偿，这与苏联等其他社会主义国家有着很大的不同。"私有企业被转变成合资公司，吸收进国有部门，而原来的所有者则根据其资本额获得名义上的利息报酬。"①

一是中国国有企业提升了生产效率，对中国的工业化进程做出了贡献。中华人民共和国的经济史以一个小小的工业生产基地为发端，这个工业生产基地甚至比比利时的还要小一些，当时，中国工业的人均产量不及比利时的工业产量的 1/15。然而，在物质资源极度贫乏的基础上，在充满敌意的国际环境中和极少外援的情况下，中国在不到 30 十年的时间内把自己变成了一个主要的工业大国，全国工业总产值增长了 30 多倍，其中重工业总产值增长了 90 倍。正是这个中国现代工业革命时期为中国现代经济发展奠定了根本的基础，使中国从一个完全的农业国家变成了一个以工业为主的国家。从中华人民共和国建立到改革开放初期，中国的钢铁产量从 140 万吨增长到了 3180 万吨，煤炭产量从 6600 万吨增长到了 61700 万吨，电力从 70 亿千瓦/小时增长到了 2560 千瓦/小时，原油产量从原本的空白变成了 10400 万吨。到 20 世纪 70 年代中期，中国已经能够生产大量的喷气式飞机、重型拖拉机、铁路机车和现代海船。

二是中国国有企业提供了基础设施，建立了比较完善的工业基础设施体系。毛泽东时代结束之际，中国完全能够声称，它拥有一个虽刚起步但相当全面的医疗保健体系，这使得它在所有发展中国家中都显得独一无二。医疗保健以及营养和卫生的改善，共同推动了中国人寿命的极大增长，从 1949 年以前的平均 35 岁增长到了 20 世纪 70 年代中期的 65

---

① 邹至庄. 中国经济转型 [M]. 徐晓云，牛霖琳，石长顺，译. 北京：电子工业出版社，2017：266.

岁。1952 年，工业占国民生产总值的 30%，农业产值占 64%；而到
1975 年，这个比率颠倒过来了，工业占国民生产总值的 72%，农业则
仅占 28%。那个时代是世界历史上最伟大的现代化时代之一，与德国、
日本和苏联等几个现代工业舞台上主要后起之秀的工业化过程中最剧烈
时期相比毫不逊色。

三是中国国有企业的建设改变了社会结构，产业工人的数量有了明
显增长。当然，工业化极大地改变了中国劳动力以及社会结构的构成。
尽管大多数的中国人民依然是紧紧依附于土地的农民，到 20 世纪 70 年
代，城市无产阶级的人数却已从 1952 年的 300 万上升到了 1800 万。此
外，毛泽东的农村工业化运动——把 2800 万农民（当时农村总劳动力
约达 3 亿）变成了农村工厂的工人，尽管许多工厂的工作技术水平简单
而原始。国有企业的城市工人们享有工作保障以及国家拨款的福利
待遇。

四是中国国有企业提供了基本的公共服务，初步满足了人民的生活
需要。对于收入与消费的常规性测度并不能充分表明实际的生活水平和
生活质量，还必须考虑到教育、保健、卫生以及老人与贫困者的福利措
施等基本而必要的方面的公共消费，但是这些东西是难以用标准的经济
测度来数量化的。在所有这些领域，毛泽东时代都取得了伟大的社会进
步，在大多数关键性的社会和人口统计指标上，中国不仅比印度、巴基
斯坦等其他低收入国家强，而且比人均国民生产总值五倍于中国的
"中等收入"国家要强。基本的社会保护措施得到了贯彻，如禁止童
工，还有农村最低限度的福利方案等，后者中最著名的是对最穷困者们
的食品、物品、住房、医疗以及丧葬费用的"五保"。

二、改革开放以来国有企业的发展

中国国有企业在取得历史性成就的同时，也面临着一些问题和挑战。在改革开放初期，国有企业普遍面临着激励不足、利润下降等许多问题，经过长达四十年的改革进程，国有企业的经营效率得到了大幅度的提升。部分国有企业已经走向海外市场，成为全球最具竞争力的企业之一。绝大多数海外学者都肯定了中国国有企业改革的成就，包括国有资产监督管理委员会的监管，现代公司治理结构的建立、市场竞争的引入、经营责任制的落实等，这些举措大幅提升了国有企业的经营效率。

国有企业经营责任制的建立，提高了国有企业的履责效率。沙龙·穆尔（Sharon Moore）在《中国国有企业的改革及其挑战》指出，中国国有企业改革的关键在于企业内部责任制的建设，"私有化并不一定能解决国有企业的复杂问题"。① 中共十二届三中全会以来，国有企业在市场竞争中作为独立经济主体的地位得到进一步的确认，现代公司治理结构也进一步确立，这有效提升了国有企业生产的效率。企业完全可以在不采用私有化方案的情况下，取得更好的经营业绩。他通过调查、访谈和焦点小组讨论等形式，揭示出企业内部责任制的建构对于高管的影响：尽管中国企业高管的经济和社会地位持续上升，但企业高管的责任感和压力却在不断增加，这种压力对于解决国有企业的问题是必要的。邹至庄在《中国经济转型》一书中指出，国有企业改革过程中有几个鲜明的特点：企业的自主权显著提升，"经济责任制"成为考核的新办法，市场的竞争压力也明显增大，产品价格更多地由市场来反映，地方在推动国有企业发展的积极性提升等。责任制被证明是中国国有企业改

---

① MOORE S, WEN J J. Reform of State Owned Enterprises and Challenges in China ［J］. Journal of Technology Management in China, 2006, 1（3）: 279-291.

革的重要经验。①

国有企业"抓大放小"的改革，塑造了一批大型国有企业。抓大放小，按照权威的解释，"抓大"是指着力培育实力雄厚、竞争力强的大型企业和企业集团，使其可以成为跨地区、跨行业、跨所有制和跨国经营的大企业集团。"放小"是指放开搞活国有中小企业。一方面，积极扶持中小企业特别是科技型企业向"专、精、特、新"的方向发展，同大企业建立密切的协作关系，提高生产的社会化水平；另一方面，从实际出发，采取联合、兼并、租赁、承包经营、股份合作、出售等形式，放开搞活国有中小企业。"抓大放小"改革的成就和优势在于，中国国有企业拥有了一大批优势资产，形成明显的规模优势。

中国国有企业面临外部市场竞争，促使企业增强活力。改革开放阶段，中国国有企业积极参与市场竞争。在邹至庄看来，中国国有企业参与全球市场的激烈竞争，对于促进企业提高效率有着重要的意义。"今天国有企业的经营……相当有效率了，因为他们面临来自全球市场的竞争。"② 随着中国改革开放政策的不断推进，无论是中国的国有企业还是民营企业都面临着世界市场的激烈竞争。这意味着在中国或国外销售的任何商品，都必须面临着来自国内和能够在中国和世界其他地区销售产品的国外生产商的竞争。全球化也意味着无论国有的还是民营的中国企业，在经营时都面临着更大的风险和挑战，中国企业必须增强风险意识和应对能力。"中国国有企业面临来自世界市场的竞争，这促使他们提高经济效率，同时也暴露于更高的市场风险中。"③ 面对纷繁复杂的

---

① 邹至庄. 中国经济转型 [M]. 徐晓云，牛霖琳，石长顺，译. 北京：电子工业出版社，2017：281.

② 邹至庄. 中国经济转型 [M]. 徐晓云，牛霖琳，石长顺，译. 北京：电子工业出版社，2017：282.

③ 邹至庄. 中国经济转型 [M]. 徐晓云，牛霖琳，石长顺，译. 北京：电子工业出版社，2017：282.

国际市场竞争环境，国有企业不断提升战略能力，加强投资决策判断和风险评估，确保国有资本保值增值。

中国政府针对国有企业的反腐败行为，防止国有资产的流失。罗美大学教授亚历山大·布提塞亚克（Alexandru Butiseacǎ）认为，无论是私人企业还是国有企业都存在着"委托—代理"的困境，即企业所有者如何监管企业经营层的治理难题。中国国有企业有其存在的必要性，但也面对着一些问题和挑战，如企业内部的低效。改革开放尤其是中共十八大以来，中国政府并没有放弃对国有企业的领导，相反，政府通过严格的监管来克服国有企业内部的问题。中国政府要求企业董事会对财务结果负责，避免国有资产流失，国有企业的公司制改革实现历史性突破，管理层的责任更加明确，公司治理结构更加完善，这有助于企业真正成为自主经营、自负盈亏、自担风险、自我约束、自我发展的独立市场主体。与此同时，政府又为企业提供了财政和其他方面的优势，这些举措有助于将国有企业打造为强大的"冠军级"企业。①

三、国有企业在生产效率层面的表现

中国的国有企业已经成为高质量科技创新的主要承担者，这是由国有企业的规模优势和资金优势决定的。中国政府一直在加强对国有企业的监管，提升企业的生产效率和竞争能力。海外学者不仅注意到中国国有企业通过改革提升效率的事实，他们还注意到国有企业对整个国家所做出的伟大贡献。改革开放以来，中国整体的经济增长持续了四十多年，中国的国家治理现代化不断推进，人民生活水平得到大幅度的提

---

① BUTISEAC A. State Owned Enterprises in China: The Challenges of Reform [M] // BOLDEA L. Globalization and National Identity. Studies on the Strategies of Intercultural Dialogue. taegu-mires: Arhipelag XXI Press, 2017: 898-907.

高。海外学者指出，中国的国有企业在这些方面都做出了巨大的贡献，成为中国崛起的重要物质基础。① 如果从全球视角来看，中国的国有企业还成为应对经济全球化的重要支柱，中国是世界上少数在西方主导的世界体系中成功崛起的国家。海外学者已经突破了对国有企业的微观视角，能够从宏观上审视国有企业在中国改革与发展中的贡献。国有企业积极参与全球市场竞争，成为中国国际竞争力的体现者。

（一）政府对国有企业的业绩考核，成为激发国有企业活力的重要手段

对中央企业负责人实施经营业绩考核是国有资产监督管理委员会依法履行出资人职责的重要手段。国有资产监督管理委员会自成立以来，坚决贯彻落实中共中央、国务院关于深化国有企业改革、完善国有资产管理体制的一系列重大部署，坚持以落实国有资产保值增值责任为核心，紧紧围绕中央企业改革发展重点任务，牢牢把握业绩考核正确导向，不断探索完善经营业绩考核制度。自 2003 年公布《中央企业负责人经营业绩考核暂行办法》以来，先后 4 次进行修订完善。从近 20 年的业绩考核工作实践来看，中央企业负责人经营业绩考核制度的建立和实施，对推动中央企业提高资产经营效率和管理水平、提升可持续发展能力、实现国有资产保值增值发挥了重要作用。对多角度构建年度与任期相结合的高质量发展考核指标体系，起到正向激励的作用，强化"业绩升、薪酬升，业绩降、薪酬降"，完善考核奖励和任期精神激励等措施，鼓励探索创新，激发和保护企业家精神。②

---

① 经济合作与发展组织编.《国家发展进程中的国企角色》［M］. 贾涛，译. 北京：中信出版社，2016：165.

② FURLANIS F M . The Role of State-Owned Enterprises and of the State Assets Supervision and Administration Commission（SASAC）in the Chinese Economy［D］. 上海：复旦大学，2013.

（二）中国国有企业在创新方面进行长期投资，提升企业的创新能力

香港科技大学霍尔兹（Carsten A. Holz）教授在《中国国有企业万岁——消除其财务业绩不佳的神话》一文中指出，国有企业长期持续且富有创新性的改革，已经对企业的效率产生了重要的提升作用，绝大多数国有企业已经取得了非常好的业绩水平。部分国有企业相比民营企业在盈利能力上存在差距，主要是因为国有企业承担了更高的流转税，此外，国有企业的资本密集程度也相对更高，"高资本密集度意味着要为同样的借贷和折旧支付两次成本，直接减少了利润水平"。这两个因素很大程度上是历史原因和政府决策所导致的，使国有企业承担了比民营企业更大的责任和压力。即使在这种情况下，国有企业"旨在提高盈利能力的措施是十分成功的"，并不落后于非公有制企业。国有企业在改革过程中拥有了更多的自主权，并面临越来越激烈的市场竞争。考虑到国有企业承担的流转税负担以及资本密集程度，国有企业已经取得了良好的业绩。[①]

中国国有企业在创新方面进行长期投资，提升企业的创新发展能力。英国伦敦经济与商业政策署前署长罗思义（John Ross）在《一盘大棋？中国新命运解析》一书中指出，国有企业拥有科技创新的资源优势，推动着创新发展。一般认为私有企业比国有企业更富有创新能力，这并不符合西方国家创新发展的历史经验。事实上，更多的研发活动是由大企业而不是小企业进行的，这是因为大型企业能够投入更多的研发经费，并且能承担创新失败的风险。在中国，真正在科技创新领域有实质性进展的都是大型国有企业，它们拥有从事高科技研发活动所必

[①] 霍尔兹，黄海莉. 中国国有企业万岁——消除其财务业绩不佳的神话 [J]. 政治经济学评论，2015，6（3）：63-103.

需的人力资源、财务资源和政策资源，也拥有来自政府和市场方面的动力。股息在西方经济中占很大比重——大约占美国国内生产总值的5%。在西方会被支付给私人股东的股息，在中国则可以通过国有企业进行投资。"西方私人股东将部分股息用于消费，国有企业则提高了整个经济体的投资水平。"① 国有企业已经开始"挑起科技创新的大梁"②。国有企业提高了中国经济的投资水平，这构成了中国经济增长的主要驱动力。在微观和宏观经济领域，国有企业都赋予了中国明确的优势。

中国国有企业进行混合所有制改革，确保企业的长远战略能力。混合所有制改革更符合中国的现实国情，能够显著提升国有企业的生产效率和控制力。约翰·伯恩（John Byrne）在《中国公司所有制改革的业绩表现》一文中指出，私有化程度越高并不意味着业绩越好，国有与私有的混合制更符合中国的国情，也能带来更显著的业绩表现。这是因为混合所有制企业能够结合两方面的优势，既重视赢利能力带来的资本回报，又具有着眼长远未来的投资意愿。约翰·伯恩建议中国政府大范围推广国有与私有混合制的形式，它符合中国现阶段的政治背景和基本国情，"能够使公司同时获得来自政府与私人投资者的协同效益"。法国雷恩第二大学法学教授卡特琳·马莱基（Catherine Malecki）结合法国国有化的案例指出，政府必须指导和优化国有资产的投资行为，该机构要参与确定企业的长期发展战略，利用国有资本创造长期价值。③

---

① 罗思义，岑少宇. 国企给中国带来巨大优势 [J]. 红旗文稿，2015 (14)：21-22.
② 邹至庄. 中国经济转型 [M]. 徐晓云，牛霖琳，石长顺，译. 北京：电子工业出版社，2017：281.
③ 姚晓丹. 法国学者建言国家参股局应专注长期战略利益 [N]. 中国社会科学报，2016-12-28.

（三）国有企业更好防范和化解金融风险，维护金融秩序的稳健安全

中国国有企业的投资行为可以更好地抵御经济危机的冲击。中国直接通过控制国有部门投资的能力，能创造出比西方经济体更强大的对抗危机的宏观管理工具。经过治理，中国金融体系重点领域的增量风险得到有效控制，存量风险得到逐步化解，金融风险总体可控，守住了不发生系统性金融风险的底线。大多数经济体可以拉动两根杠杆来支撑增长：财政和货币。中国则有第三个选择——国家发展和改革委员会可以加快投资的流动。这种通过国有部门设定投资水平的能力，是中国自2008年国际金融危机爆发以来，表现远胜美国的关键原因。从2007年至2014年，中国国内生产总值增长了79.9%，而美国仅为8.2%——中国的经济增长几乎是美国的10倍。中国政府采取行之有效的手段进行国有企业改革，这一方面遏制了部分行业的产能过剩，使得中国经济在总体上更为平衡，另一方面也遏制了系统性的金融风险，确保了中国金融秩序的稳定。①

（四）国有企业维护国家的经济主权，抵制西方跨国资本的入侵

中国国有企业改革的成功，充分证明了私有化绝非解决问题的唯一方案，国家完全能够经营好国有企业。张夏准在《国有企业该被私有化吗?》一文中指出，私有企业必然比国有企业更有效率的观点是错误的，在现实世界中并没有清晰、系统的证据来证明这个结论。② 相反，为数众多的经济体都凭借庞大的国有经济部门取得经济成功，中国就是一个重要的案例。中国的国有企业改革构成了应对全球化的理性方案，对发展中国家的发展有着重大的启示。

---

① 经济合作与发展组织编. 国家发展进程中的国企角色 [M]. 贾涛，译. 北京：中信出版社，2016：180.
② 张夏准，周建军. 国有企业该被私有化吗? [J]. 现代国企研究，2012（Z1）：52-59.

中国国有企业积极参与市场竞争，外部竞争促进了企业生产效率的提升。清华大学教授文一认为，国有企业是国民经济发展的中坚力量，掌握着国民经济的命脉，国有企业的发展与壮大对我国国家经济、社会安定有着不可忽视的作用。国有企业是壮大国家综合实力、保障人民共同利益的重要力量，必须做强、做优、做大，不断增强活力、影响力、抗风险能力，实现国有资产保值增值。"永远记住，企业所有制与效率没有必然联系，关键是企业内部的管理方式和是否迫使其参与市场竞争并严格实现优胜劣汰。中国很多集体所有制企业的成功就是证明。"[1]这就要求国有企业管理者提升自身的政治素养、战略素养、管理素养、文化素养，准确把握市场机会、强化企业管理、凝聚员工合力，努力增强国有企业国际市场竞争力。

国有企业勇于参与外部市场的竞争，成为中国国际竞争力的体现。乔·史塔威尔在《亚洲大趋势》中指出，近年来，越来越多的国有企业走出国门，参与国际市场竞争，不断发展壮大。中国政府要求国有企业走向国际市场，将国际市场份额作为考核指标。国有企业要更多地参与国际市场的激烈竞争，全球市场份额应作为考察国有企业竞争力的重要标准。乔·史塔威尔指出，中国政府应该对国有企业实行更严格的"出口纪律"，迫使国有企业直面全球市场的激烈竞争。在评价制度上，国家必须将国有企业在全球市场上的份额作为业绩考核的重要标准，以此评判企业的真实实力，以及领导人的任职情况。对那些有着出色表现的企业领导人，政府可以进一步提拔或重用，对于那些全球业务经营不力的领导人，则应予以撤换。"出口纪律"已经被证明是解决发展中国家国有企业难题的有效方法。[2]

---

① 文一. 伟大的中国工业革命 [M]. 北京：清华大学出版社，2016：167.
② [英] 乔·史塔威尔. 亚洲大趋势：中国和新兴经济体的未来 [M]. 蒋宗强，译. 北京：中信出版社，2014：247.

四、国有企业在社会民生建设中的贡献

国有企业属于全民所有，是推进国家现代化、保障人民共同利益的重要力量。习近平指出："国有企业属于全体人民，公有制经济是全体人民的宝贵财富，是保障人民共同利益的重要力量，是全体人民共同富裕的重要保障。"① 所有制格局是决定分配格局的基础性原因，坚持公有制为主体是保障共同富裕的经济基础，作为基础性、支柱性的中国企与辅助性、边缘性的西方国企绝不可等量齐观。我们是社会主义国家，国有企业是全民所有制财产，是社会主义公有制的根基所在，是社会主义市场经济最重要的市场主体，是共产党执政和社会主义国家政权的重要支柱，是实现人民共同富裕的物质基础。国有企业通过运营国有资产，保障社会就业，提供公共服务，支持社会保障，成为全面建成小康社会的重要依靠力量。

（一）国有企业本身提供了大量的就业机会，这是解决民生问题的治本之道

国有企业是社会就业的主要承担者，国有企业对民营企业的支持同样提供了大量的就业机会。托尼·安德烈阿尼指出，中国国有企业将更多的重心倾向于实体经济，这些行业相比金融、证券能够提供更多稳定的就业机会，中国现有接近3000万的职工在国有企业中就业。② 在遇到经济危机时，中国的国有企业更愿意通过降低工资而非大量裁员来解决问题，这为社会民生提供了重要的保障。鉴于中国国有企业在解决社会就业上的成就，美国前副总统阿尔·戈尔（Albert Arnold Gore Jr）呼

---

① 理直气壮做强做优做大国有企业 [J]. 求是，2016（18）：7-8.
② ［法］托尼·安德烈阿尼. 中国融入世界市场是否意味着"中国模式"的必然终结？[J]. 国外理论动态，2008：67-65.

吁美国建立更多的"公共企业",以解决日益严重的失业问题。①

（二）国有企业提供了公共服务，保障了人民的基本生活水平

张夏准指出，政府提供公共服务的载体应当多元化。政府既可以透过相应的行政机关直接向广大消费者提供公共物品，也可以通过下设的事业单位提供，通过控股的国有企业提供，还可以向包括国有企业和民营企业在内的各类企业公开招标采购公共服务。国有企业提供了物美价廉的公共产品，惠及了所有人民，提供了生活在偏远地区的人们在此之前不能享有的邮政、用水和交通的基本服务。在这种情况下，国有企业可能是确保全体公民普遍享有基本服务的捷径。此外，私营的养老金和健康保险体系拒绝接受"高风险"的群体，国有企业运营这样的体系将确保最容易受到伤害的群体得到重要的社会保障。②

西方的公共服务事业经历了一场私有化浪潮，其基本原理主要基于两个假设：财政假设和效率假设。公共服务私有化降低了企业的生产效率和服务水准，服务价格上涨导致了对弱势群体的排斥效应。③ 在部分发展中国家，水务领域的私有化导致了乡村人口陷入生活困境。在中国，享有基本公共服务是公民的基本权利，推进基本公共服务均等化被视为全面建成小康社会的应有之义。中国国有企业承担了主要公共服务的供给责任，在水电气热、公共交通、公共设施等领域提供了普惠的公共服务。④ 2015 年 9 月，国务院发布《关于国有企业发展混合所有制经

① 戈尔. 未来：改变全球的六大驱动力［M］. 冯洁音，李鸣燕，毛云，译. 上海：上海译文出版社，2013：183.

② 张夏准，周建军. 国有企业该被私有化吗？［J］. 现代国企研究，2012（Z1）：8.

③ D'Alpaos C . The Privatization of Water Services in Italy：Make or Buy, Capability and Efficiency Issues［C］//SIEV 2016：Integrated Evaluation for the Management of Contempodary Cities. Cham：Springer Cham, 2016：223-231.

④ 石力月. 城乡二元格局中的公共文化服务问题——以广播电视"村村通"工程建设为例［J］. 新闻大学，2013（3）：43-47.

济的意见》指出，在水电气热、公共交通、公共设施等领域，推进具备条件的企业实现投资主体多元化，政府要加强对价格水平、成本控制、服务质量、安全标准、信息披露、营运效率、保障能力等方面的监管，这将进一步提高公共服务的水平。①

（三）国有企业通过转移支付，促进社会保障事业的持续发展

哈佛商学院资深讲师罗伯特·C.波曾（Robert C. Pozen）和美国国家投资公司服务协会会长特里萨·哈马克撰文指出，在令那些业绩不佳的欧美企业做出大幅变革方面，那些持有大量股份的对冲基金和养老保险基金始终在发挥带头作用。中国在推动国有企业深化改革的同时，通过划转部分国有资本充实社会保障基金，使全体人民共享国有企业发展成果，增进民生福祉，改革和完善基本养老保险制度，实现代际公平，增强制度的可持续性。在其他国家，持有可观股份的机构投资者一直能够有效地迫使公开上市公司遵守市场纪律。全国社会保障基金作为养老金计划管理资产，并得到国有企业首次公开发行（IPO）所得的一小部分。如果这些养老金供款被投资于多元化证券组合，这些投资将有助于对当前员工的未来养老金支付义务进行预先融资。通过将部分国有企业股份分配给全国社会保障基金，有助于三个目标的实现：让国企承受市场力量，促使它们提高生产率及股东回报率，同时，这些企业更高的股东回报率，将令该基金有能力帮助地方政府支付遗留退休金福利。②

---

① 国务院.国务院关于国有企业发展混合所有制经济的意见［EB/OL］.中国政府网，2015-09-24.
② 波曾，哈马克.中国如何增强国企活力？［N］.金融时报，2014-01-07.

五、党执政兴国的重要支柱和依靠力量

在中国的国家治理体系中，国有企业构成社会主义制度的经济基础。习近平总书记指出："我们的经济学家、企业家和经济工作的领导人不能仅从经济角度来认识经济问题，还必须善于从政治角度来观察经济问题。"① 从政治的角度来看，国有企业是中国共产党执政的经济基础，构成中国国家治理体系中的重要一环，充分体现国家治理制度的独特优势，充分适应我国的现实国情和发展要求。加强党对国有企业的政治治理，提升国有企业领导干部的政治能力，对建设中国特色现代国企制度，推进国家治理现代化具有重要的意义。中国大历史的逻辑是理解中国国有企业制度的又一视角。

（一）国有企业成为中国共产党培养和选拔干部的重要平台

贝淡宁在《赫芬顿邮报》上发表文章指出，有人认为中国共产党的领导干部不懂经济，这是对中国政治体制的严重误解。事实上，国有企业是中国共产党选拔领导干部的三大来源地之一，其他部门的干部也会调入国有企业进行历练，以充实他们的职业履历。"官员通常通过公务员、国有企业和政府附属的社会组织（如大学和社区团体）进行轮换，并在全国不同地区任职。"② 在此基础上，中国共产党提升了干部的经济理论水平，以及在经济领域的工作能力。经过这种多样化的锻炼，中国比美国能够产生更高素质的领导干部。

国有企业的领导人可能和政治人物有着过于紧密的联系，由此可能引发"寡头政治"的风险。郑永年在《中国反腐败运动的新政治意涵》

---

① 邱宝林. 国有企业深化改革应注重政治治理 [N]. 学习时报，2017-07-12.
② BELL D A. Does China Produce More Competent Leaders Than America? [N]. Huffpost, 2016-06-15.

一文中指出,一些高层领导人来自国有企业,他们和原来的"领地"仍然保持着紧密的联系,并且现有的国有企业仍旧保留着行政级别,主要国有企业的领导人同时也是政府官员。在这种情况下,政治人物与企业领导人之间的私人联系可能会导致"寡头经济"的形成。一些经济寡头开始转向政治,既获得金钱,又积累权力,这将严重恶化中国总体的政治环境。①

中国坚持党对国有企业选人用人的领导,能够避免寡头政治问题。坚持党对国有企业的领导,构成中国国有企业的历史传统和制度优势。习近平总书记明确指出:"国有企业领导人员是党在经济领域的执政骨干,是治国理政复合型人才的重要来源,肩负着经营管理国有资产、实现保值增值的重要责任。第一职责就是为党工作。"② 党对国有企业选人用人的政治领导具有重要的现实意义,国有企业治理结构中融入党的领导,能够对经理层的权力形成必要的限制,能够对经理层中的党员形成直接的监督管理,有助于防止国有企业被异化为经理层的"家天下"。③ 如果实行私有化,那些被私有化的企业必将落入国内外的既得利益集团手中,并增加他们影响政府决策的能力,从而削弱中国政府的议程设置能力。④

(二)国有企业为国家财政提供稳定的来源,是国家财政能力的重要保障

澳大利亚国立大学保罗·哈伯德将北京中央国有资产监督管理委员会(SASAC)控制下的能源和公共事业领域的大型中央企业与数以万计的省级国有企业进行了对比,"其中一些国有企业的财力可与中等国

---

① 郑永年. 中国反腐败运动的新政治意涵 [N]. 联合早报,2014-05-20.
② 姜洁. 习近平:坚持党对国有企业的领导不动摇 [N]. 人民日报,2016-10-12.
③ 谭啸. 深刻认识国有企业的制度优势 [J]. 红旗文稿,2018(4):20-22.
④ 朱安东. 国企改革必须防止私有化倾向 [J]. 国有资产管理,2015(9):3.

家相媲美"。以及在改革中幸存下来的地方国有企业，这些企业拥有不同程度的国有所有制和所有部门。大型中央国有企业可能对北京具有重要的政治意义，但大多数国有企业都是在竞争而非垄断环境中运营的省级和地方企业。政策制定者面临的挑战不是将国有企业作为一个阶级来对待，而是应对破坏竞争的市场结构，并对有害社会的行为进行监管，而不管所涉资本的最终所有者是谁。①

郑永年写道，汉代学者所编著的《盐铁论》已经确立了中国经济的基本模式，这一著作认为，由国家控制盐铁产业有利于提供更好的基础设施，对付各种危机，调节和平衡市场力量，抑制权贵阶层的产生等②。国有企业还为中国共产党提供了选拔和锻炼领导干部的重要平台，许多高级别的领导干部都有在国有企业中工作的经历。

国有企业提供主要的财政来源，保障国家的基本财政能力。国有企业的建设极大提高了中央政府管控国家经济资源的能力，财政收入的获取能力也显著提升。"在新中国成立初期短短几年内，财政收入占国民收入的比重，就从国民党政府时期不到7%的水平，一跃提升到三分之一。"③ 在社会主义市场经济背景下，国有企业相比私有企业具有更弱的避税动机，国有企业的平均税负高于非国有企业的平均税负，对国家财政的贡献也远远高于其他企业类型。在经济增速放缓或经济下行期，国有企业为支持政府扩大支出和社会经济发展缴纳更多的税负，表现出"逆经济周期的支持效应"④。对保障国家财政能力的贡献，应该成为评

① HUBBARD P , WILLIAMS P. Chinese State Owned Enterprises：An Observer's Guide [J]. International Journal of Public Policy，2017，13（3/4/5）：153.

② 郑永年，黄彦杰. 中国"国家主义经济模式"何处去 [J]. 中国企业家，2009（18）：176-179.

③ 胡鞍钢，张新，高宇宁. 国有企业：保障国家财政能力的重要基础 [J]. 国家行政学院学报，2016（2）：19-26，44.

④ 白彦锋，王中华. 国有企业在税收增长和逆周期调节中的贡献 [J]. 税务研究，2019（11）：12-17.

价国有企业最客观、最直接、最重要的一个标准。

（三）国有企业成为应对危机的抓手，提高政府的社会动员能力

在中国，国有企业作为应急管理体系的重要组成部分，构成国家治理体系和治理能力的重要组成部分，承担了防范化解重大安全风险、及时应对处置各类灾害事故、维护社会稳定的重要使命。国家通过国有企业在危急时刻紧急调拨人力和资源，以行政命令的方式保证调拨的效率和质量，能够更有效地应对各种危机、险情和灾害。新冠肺炎疫情发生以来，"国有企业、公立医院勇挑重担……构筑起疫情防控的坚固防线"①。在近四十年所发生的特大型洪水、暴雨灾害、疫情风险中，基建企业、电力机构、通信公司、铁路运输等国有企业扮演了重要的角色，数天之内建成的火神山医院充分彰显了国有企业的协作优势和速度优势。②

（四）国有企业增强国家的整合能力，是维护国家主权安全的重要依靠

国有企业是中国应对外部威胁和挑战的重要物质基础。中国始终面临的外部威胁，使得国有企业成为国家应对安全挑战的制度性举措。美国奥本大学历史学教授卞历南指出，中国现代国有企业的建设很大程度上是出于应对战争风险的需要，无论是晚清、中华民国还是当代中国，国有企业都是国家应对战争威胁的制度手段，这突出地体现在国家对兵器工业、钢铁工业和重工业的控制上。"中国国有企业的根本特征都可以归因于中华民族的持续的全面危机以及这个民族为回应这一危机而作出的反映。"在当代中国，国有企业在国家主权安全中仍然扮演着重要的角色，航天、兵器、钢铁等领域的国有企业构成了中国应对外部挑战

---

① 习近平在全国抗击新冠肺炎疫情表彰大会上的讲话 [N]. 人民日报，2020-09-09.
② 江宇. 从全民战"疫"看国企制度优势 [J]. 军工文化，2020（3）：10-17.

的重要依靠力量。①

六、中国国有企业改革与发展的世界意义

（一）国有企业是抵制跨国掠夺的主体

国有企业成为抵制全球化压力的重要主体，避免了跨国公司的掠夺。张夏准指出，西方国家在历史上都曾经广泛地运用保护主义、工业和金融业的国有制、管制外国投资、疏于执行知识产权法律等政策，但是它们现在却要求发展中国家不要采用这些"坏"的政策，这是一种"富国的伪善"。② 中国已经明确拒绝了采用新自由主义的要求，而选择循序渐进地融入世界经济，在这个过程中中国始终保持了国有企业的存在，这是一种正确的经济政策选择。发展中国家应该从中国的经验中得到启示，那就是重视国有企业在国家自主发展中的意义。

（二）西方对私有化政策的反思与批判

国有企业在科技创新方面进行更多的投资，是中国创新发展的主要依靠者。私人企业领导人倾向于对那些可向股东提供即时回报的行为做出响应，而在科技创新、熟练工培训和维持长期增长所必需的资本支出等方面投资不足。美国政府可以呼吁人们更多地投资，但没有什么现行机制来促使私人公司这么做。相反，中国国企的国有属性意味着，它们可以在需要时被导向投资。这是中国投资水平远远高于美国的一个关键原因。根据最新的可供国际比较的数据，2013 年，中国国内生产总值

---

① 卞历南. 制度变迁的逻辑：中国现代国有企业制度之形成 [M]. 杭州：浙江大学出版社，2011：289-290.
② 张夏准. 经济学的谎言：为什么不能迷信自由市场主义 [M]. 孙建中，译. 北京：新华出版社，2014：121.

的 45. 9% 投入了固定投资，美国只有 18. 9%。① 私企不将储蓄用于投资，不只是具有理论上的可能性，实践上也正是这样运作的。导致 2008 年国际金融危机的一个重要原因是，美国公司并没有将全部的利润进行投资。目前，美国公司的经营性盈余已大幅上升，从 1980 年占国内总收入（GDI）的 20% 上涨到 2013 年的 26%，同时美国私人固定投资从 1979 年占国内总收入的 19% 下降到 2013 年的 15%。美国企业不断把现金堆成"金山银山"，这种情况一直延续着。2013 年，美国非金融公司持有的现金达 15000 亿美元。

私人资本导致国家财政能力下降，资本主义国家陷入治理危机。才能美国学者希·卡恩（Si Kahn）在《鸡窝里的狐狸》一书中指出，美国的私有化运动造就了更大规模的企业，它们获得日益增长的财富，而国家的财政能力却不断下降，"那些大公司的预算已经超出了大部分国家的全部预算"，这种情况导致贫穷的国家不再能够为人民提供福祉和帮助。② 私人企业的存在导致了国家财政收入的减少。

（三）对发展中国家实现现代化的意义

张夏准对中国、韩国、日本等东亚国家的发展经验进行研究后指出，东亚的实践充分证明了政府可以在培育和挑选优秀企业的过程中扮演重要的角色。③ 这些研究都肯定了中国政府对国有企业的引领、支持与监管对于企业发展的重大意义，提供了不同于西方经济学的新经验。

经合组织在《国家发展进程中的国企角色》一书中指出，马克思的资本积累理论认为，资本积累不能被简单看作个人储蓄行为，而应被

---

① 罗思义，岑少宇. 国企给中国带来巨大优势 [J]. 红旗文稿，2015（14）：21-22.

② 卡恩，明尼克. 鸡窝里的狐狸：私有化是怎样威胁民主的 [M]. 肖聿，译. 北京：中国社会科学出版社，2007：45.

③ 张夏准. 经济学的谎言：为什么不能迷信自由市场主义 [M]. 孙建中，译. 北京：新华出版社，2014：123.

理解为企业的扩大再生产行为。资本积累对于经济发展的有效性需要由一定的积累体制作保障。在此基础上，报告论证了国有企业由于其所有制优势，能够在量和质上更好地承载后发国家实现经济起飞的积累体制的要求。因此，国有企业可以被理解为后发国家资本积累的有效的制度安排。①

七、海外中国国有企业研究的五个部分

海外学者能够以理性、客观的态度审视中国的国有企业，他们中的部分人是出于对学术理论的执着，还有部分人是出自对中国发展的关心。他们既认识到中国国有企业改革的成就和优势，又能够直陈国有企业的问题和挑战，并试图为国有企业的改革提供建议和方案。在这些学者看来，中国的国有企业为经济学理论作出了重要的贡献，并有助于世界经济的可持续发展。② 对国外学术界关于中国国有企业改革与发展的研究进行跟踪和评析，对于坚定中国国有企业制度自信，深化国有企业改革具有重要的现实意义，而且对于发展马克思主义政治经济学，促进中外学术交流具有重要的理论价值。

一是从多个维度看待国有企业的贡献，坚定国有企业制度自信。无论从历史的纵深角度，还是从新时代的发展前景来看，国有企业都是中国经济社会发展的中流砥柱。国有企业是推动国家现代化，实现共同富裕，保持国家财政能力，维护社会长治久安，开拓海外市场，增强中国综合国力的依靠力量。当然，国有企业并非不存在问题，国有企业的根本出路在于深化改革，而深化改革要沿着符合国情的道路去改。中国国

---

① 经济合作与发展组织编. 国家发展进程中的国企角色 [M]. 贾涛，译. 北京：中信出版社，2016：9.
② 罗思义. 我为什么对中国经济如此痴迷？[EB/OL]. 观察者网，2016-04-29.

有企业改革绝不能食洋不化，照搬西方的公司制模式，而必须坚持社会主义的改革方向。正是因为我们始终坚持党的领导，始终坚持将国有企业做大、做强、做优，中国经济这只巨轮才能"行稳致远"，中国人民才能富裕幸福，中华民族才能繁荣昌盛。

二是完善国有企业的内部激励机制，充分激发企业的活力。早在2009 年，习近平同志就强调，国有企业党组织要主动适应职工观念诉求新变化，充分发挥工人阶级的积极性。① 到了"经济新常态"的阶段，国有企业必须更多地依靠科技创新才能实现突破，才能赢得国家和人民的尊重和信任。新时代中国要"坚定不移深化国有企业改革，着力创新体制机制，加快建立现代企业制度，发挥国有企业各类人才积极性、主动性、创造性，激发各类要素活力"②。通过深化改革，国有企业在协调运转、科学决策、内部激励上表现出强大生命力，并释放出更强的创新活力。

三是加强与国际社会的沟通，建构中国国有企业的外部形象。国有企业改革的成功是中国实现可持续发展的关键因素之一，国有企业通过大规模的投资行为拉动了中国的经济增长。今天的国有企业早已不是改革初期的状况，无论其经济效益水平，还是技术水平、管理经营水平已经大幅提高，企业的生产效率和创新能力也显著提升。国有企业正在成为中国经济发展的中流砥柱，无论是调整结构、优化布局，还是创新发展、驱动转换，国有企业都起到了带头作用。国有企业提供的不仅是就业机会，还有社会保障功能，比如住房和医疗保障等。我们要注重从中国立场和中国视角来讲好国企故事，加强与国际社会的沟通与对话，全面阐释国有企业的创新能力、制度优势和社会贡献，建构中国国有企业

---

① 习近平. 国企党组织要主动适应职工观念诉求新变化 [J]. 共产党员，2009（17）：15.

② 习近平：理直气壮做强做优做大国有企业 [N]. 人民日报，2016-07-05.

的良好国际形象。

四是驳斥西方中心主义话语霸权，对"国企低效论"进行批判。部分自由主义学者基于意识形态，指责国有企业效率低下，并给出私有化的错误方向。这些观点都过于意识形态化，带有严重的"西方中心主义"偏见，缺乏对中国国有企业改革的实证分析，反映了西方追求全球经济霸权的特殊利益。事实上，企业的生产效率与所有制之间并没有单一的线性关系，私有企业存在大量的失败案例，国有企业也有大量的成功榜样。中国国有企业通过对症下药，不断改革经营机制，企业的生产效率和创新能力已经明显提升。我们要敢于批判西方政客和新自由主义学者的错误观点，消解新自由主义私有化理论的话语霸权，在斗争和交锋中赢得中国国有企业的国际话语权。

五是引导国有企业走出去，使其成为搏击全球市场的雄鹰。各国国有企业经营效率普遍低下绝不是偶然的，而是其体制缺陷的必然产物。正是由于国有企业经营中存在诸多体制缺陷，经营机制的彻底转换才显得格外重要。认识国有企业效率低下的体制根源是十分必要的，但更重要的是对症下药，找到使国有企业摆脱经营困境的根本出路。参照国际经验，积极调整政府与企业、官业与民业的关系，坚持以"民业"为主体求发展，并努力减少政府对企业的不合理干预，是我国国有企业改革的必由之路。① 中国的国有企业改革与发展始终是海外中国学界的重要研究议题。尽管海外学术界尤其是西方学术界，对中国的国有企业还存在不少的偏见和误解，比如，有学者认为国有企业由于体制而先天效率低下，私有化才是国有企业改革的方向。② 这些观点都过于意识形态

---

① SIQUEIRA K , SANDLER T , CAULEY J. Common Agency and State-Owned Enterprise Reform [J]. China Economic Review, 2009, 20 (2)：208-217.

② LARDY N. Markets Over Mao：The Rise of Private Business in China [R]. Washington, DC：Peterson Institute for International Economics, 2014.

化，带有严重的"西方中心主义"的理论偏见，缺乏对中国国有企业改革实践的理性分析，反映了西方追求全球经济霸权的特殊利益。

六是引导国有企业走出去，使其成为搏击全球市场的雄鹰。国有企业主动作为，带头实施"走出去"和"一带一路"倡议，在参与国际竞争、提高核心竞争力、扶植当地民生建设、建设全球基础设施、推动人类命运共同体建设方面起到了重要的作用。中央政府要引导国有企业"走出去"，加快成为具有全球竞争力的世界一流企业。国有企业尤其是中央企业在海外市场不断取得的成功，充分证明国有企业绝非自家院里的雄鸡，而是通过学习和奋斗，在海外市场搏击长空的雄鹰。

第六章

旗帜鲜明地维护农村土地集体所有制

——海外左翼学者对中国农村土地制度的认识

　　中国农村集体所有制是中国特色社会主义性质的重要体现。早在中华人民共和国成立初期，中国就实行了农村土地改革，实现了农村土地集体所有的制度性变革。改革开放以来，中国在小岗村大包干的试验基础上，逐渐形成以家庭承包经营为基础、统分结合的双层经营体制，成为中国农村政策的新基石，成功地解决了中国人民的吃饭问题。新形势下，中国政府顺应农民保留土地承包权、流转土地经营权的意愿，把农民土地承包经营权分为承包权和经营权，实现承包权和经营权的分置并行。尽管从中华人民共和国的历史来看，中国的农业经济制度经历了三次大的制度性变革，但是中国农村集体所有制的本质始终是不变的。海外学者时刻关注中国经济改革引发的经济发展和社会变迁，对中国农村改革取得的成就进行了肯定，也指出了农村经济发展中出现的问题。中国农村建设需要创新方法，提升中国农村发展的可持续动力。考察海外学者当代中国农村改革的研究状况，能够帮助我们更好地了解中国共产党的历史贡献，把握中国改革开放对国际社会的影响，这对于"讲好中国故事、发出中国声音"起着重要的辅助性作用。

一、中国传统的农村土地制度

中国建立农村集体所有制的重要目的在于促进农业生产力的发展，避免土地的分配不均，为国家的经济发展积累基础。改革开放以来的家庭联产承包责任制，已经有效地释放了农民生产的积极性，提高了中国粮食的产量和农民的收入。当代中国要继续坚持农村集体所有制的性质，这不仅是由社会主义的性质所决定，更是出于对中国农业、农民和农村问题的长远考虑，避免私有制可能造成的粮食减产、农民贫化和社会不稳定等负面后果。

哈佛大学终身教授费正清，从经济刺激力的角度阐释中国传统的农业政策，及其与当代农村集体所有制的关系。费正清在其著作《伟大的中国革命：1900—1985》中指出，建立在集体所有制基础上的家庭联产承包责任制，是一种最适合中国的"半商业化"的土地政策，能够最有效地刺激中国的农业生产。"合同制必须看成是中国'治国策'的最新阶段，所谓'治国策'就是怎样组织农民以改善他们的福利并富强国家。中国统治阶级有史以来世世代代努力都在解决这个问题。他们发现合同制在半商业化农业中最有刺激力，因而有利于生产。"① 换言之，半商业化的模式在中国可能比在自由市场更有能力提升农业生产的效率，这是中国农业的独特之处。

美国华裔历史学家黄仁宇在《放宽历史的视界》《中国大历史》等一系列著作中都曾指出，完全的土地私有制从来就不是中国主流的农业政策的选择，国家有意引导和规制下的"小农经济"对政治与社会的稳定具有重要意义。按照黄仁宇的观点，中国的历代统治者都仅仅是在

① 费正清. 伟大的中国革命：1800—1985 [M]. 刘尊棋，译. 北京：国际文化出版公司，1989：327-328.

极其有限的空间内允许土地的自由买卖，同时对这种土地买卖施加了严格的约束，以避免土地的大规模兼并，这在很大程度上是出于打击地主豪强的目的——政治统一在传统中国具有至高无上的价值地位，那些占有大量土地资源，并拥有财富和权势的封建豪强是对中央集权的最大挑战者。尽管这种"小农"体制一定程度上抑制了生产力的进步，但它对于维持更为重要的政治秩序具有非常重大的意义，由此形成的扁平的社会结构是中国大一统"超稳定结构"的重要成因。① 当代中国作为传统中国的继承者，不可能脱离这一基本的历史传统和价值要求。

彼得·诺兰将中国传统的经济制度上升到哲学的层次，在他看来，中国传统的半商业化经济代表着对市场机制的一种既鼓励又约束的复杂态度，这是中国"中庸"哲学的又一体现。彼得·诺兰在《处于十字路口的中国》一文中指出，我们一直在寻找一条介于政府和市场之间的第三条道路，这种道路在中国的历史上其实早已经存在，它是一种市场机制与儒家伦理的混合体，"中国的第三条道路是一种完整的哲学，把既激励又控制市场的具体方法与一种源于统治者、官员和老百姓的道德体系的深刻思想结合在了一起"②。这种独特的哲学从来不强调市场或政府的任何一个极端，当代中国的社会主义市场经济是对这一传统的继承和发展，它鼓励市场机制的激励和竞争作用，同时又要求市场必须在国家的指导和道德的约束下发挥作用。这是中国一项源远流长的传统。

在海外中国学界，中国的农村问题始终是一个重要的研究议题。中华人民共和国成立七十多年来，海外学术界涌现出一大批研究中国农村

---

① 黄仁宇.《放宽历史的视界》[M]. 北京：生活·读书·新知三联书店，2007：214-215.

② NOLAN P. China at the Crossroads [J]. Journal of Chinese Economic and Business Studies, 2005, 3 (1)：1-22.

问题的学术著作，这其中既有研究中国农业问题的专门性著作，比如克里斯·布拉莫尔（Chris Bramall）的《中国农村工业化》，也有研究中国经济发展史的著作，比如，乔·史塔威尔的《亚洲大趋势：中国和新兴经济体的未来》一书中就有大量的篇幅介绍中国的农村发展。此外，还有许多研究中国领导人的著作，比如弗雷德里克·C.泰韦斯（Frederick C. Tevesz）的《从毛泽东到邓小平》等，农村问题是这些著作中不可或缺的部分。

一是对于中华人民共和国成立初期中国农村土地改革的评价。在党的领导下，中国采取渐进的方式，赢得了农民对土地集体化的支持，并尽可能地避免了冲突，这是中国农业集体化的成功之处。美国密苏里大学历史学助理教授李怀银通过对江苏东部东台和上海松江区的研究，肯定了中华人民共和国成立初期中国共产党的治理能力，其以人民内部矛盾为事件定性，有效提升了解决纠纷的效率，肯定了中国共产党解决实际问题、维护农村稳定与发展的能力。①

二是对社会主义建设时期农业成就的认识。毛泽东时代的中国农业也绝非如今西方所描绘的那样落后。维克多·李皮特（Victor Lipet）曾指出，毛泽东时代中国农业的发展大大快于1868年至1912年日本明治年间备受称赞的成功的近代工业化时期。从1952年至20世纪70年代中期，中国农业净产量增长为平均每年的2.5%，而1868年至1912年间日本工业化最强阶段的数字也只有1.7%。② 正如马克·塞尔顿（Mark Selton）曾指出的："1977年中国人均占有耕地比印度少14%，而人均粮食生产却比印度高30%到40%，而且是把粮食以公平得多的

---

① LI H Y. The First Encounter: Peasant Resistance to State Control of Grain in East China in the Mid-1950s [J]. The China Quarterly, 2006 (185): 145-162.
② [美] 莫里斯·迈斯纳. 毛泽东的中国及后毛泽东的中国——人民共和国史 [M]. 杜蒲，李玉玲译. 成都：四川人民出版社，1992：540-542.

方式分配到了比印度多出 50%的人口手中。"① 当然，相比农村所取得的进步，社会主义城市化的步伐更快，城市和农村的收入差异有所增大。

三是对于家庭联产承包责任制的认识。改革开放以来，中国在坚持农村土地集体所有制的基础上，实行家庭联产承包责任制。曾任英国前驻华大使的外交家理查德·伊文思（Richard Evans）在《邓小平传》一书中指出，家庭联产承包责任制彻底地改变了这种积极性不高的问题，农民为了家庭的生活富裕，积极地投身到农业生产中来。更为重要的是，"随着家庭联产承包责任制的实施，粮食和轻工业所需的原材料极大地丰富起来，从而为城市改革创造了条件。"② 中国家庭联产承包责任制在激发农民积极性，提高粮食产量方面发挥了积极意义。当代中国的农村土地制度有效地确保了粮食生产的基本能力。

四是对于新时代中国新农村建设的评价。中国特色社会主义进入新时代以来，农村改革也呈现出新的特征，新时代在"五位一体"布局下，农村实现全面发展，农村呈现经济市场化、政治民主化和环境生态化的新一轮变革。以习近平同志为核心的党中央，励精图治，以巨大的政治勇气和强烈的责任担当，旗帜鲜明地提出实施"乡村振兴"战略，到 2035 年，乡村振兴取得决定性进展，农业农村现代化基本实现。到 2050 年，乡村全面振兴，农业强、农村美、农民富得全面实现。党的十八大以来，在新农村建设取得重大成就的背景下，境外特别是西方学者基本上消除了对社会主义农村改革的顾虑和疑虑，对新时代中国特色

---

① ［美］莫里斯·迈斯纳. 毛泽东的中国及后毛泽东的中国［M］. 四川人民出版社，1992：540-542.

② 伊文思. 邓小平传［M］. 田山，译. 北京：国际文化出版公司，2013：352-354.

社会主义农村建设的肯定性评价越来越多。①

二、农村土地改革与农业生产率

农村集体所有制能够确保现有耕地被合理地用于粮食生产，进而确保民众的基本生活水平。中国的农村集体所有制为中国的发展和稳定奠定了重要的基础。它将有助于改变土地经营的碎片化、分散化、条块化问题，更好地实现农业生产的规模化效应，保障粮食供应的安全。

（一）政府推动农业基础设施的建设，为中国农业带来广阔前景

改革开放以来，中国在实现家庭联产承包责任制的同时，保留了农村集体的相关组织架构，这一体制的好处在于，它能够为中国的农业生产提供至关重要的农村基础设施。有学者指出，尽管中国农村集体的能力相比之前有所削弱，但村委会所代表的集体仍旧经常性地介入到农业生产中来，通过水利灌溉、农业道路维修等工作，改善农业生产的基础条件，这为中国农业生产的进步和粮食产量的提高提供了重要的保障。斯坦福大学高级研究员罗思高肯定道路扩建对农村就业增长存在显著的促进作用。一方面，农村道路基础设施改善降低了村民找工作的成本；另一方面，随着道路扩建带来的经济增长，村民对于农村的就业前景更加乐观。因此，道路扩建对于农村民生的改善有着极大的促进作用。②

（二）政府推动农业科学技术的发展，在农业发展中得到了充分的运用

中国的农村公社还促进了技术教育的展开，使得广大农民的种植技

---

① 薛念文. 新中国成立以来的中国农村建设成就——基于《中国季刊》的考察 [J]. 国外社会科学，2019（3）：31-38.

② QIAO F B, SCOTT R, HUANG J K. Road Expansion and Off-Farm Work in Rural China [J]. The China Quarterly, 2014 (218): 62-63.

术得到了明显的提升，正如加吉·杜特（Gargi Dutt）所指出的，"公社大大扩展了技术教育的机会，也为进行技术改进提供了更多的资源"①。党的十九届五中全会提出，优先发展农业农村，全面推进乡村振兴。科技创新是发展的新引擎。农业现代化，关键是农业科技现代化。要加强农业与科技融合，加强农业科技创新。放眼全国，农业生产正在悄然改变，农业生产越来越有"科技范儿"。

（三）家庭联产承包责任制，明显提高了单位土地的劳动投入水平

中华人民共和国成立之初，党和政府基于对中国人的饮食习惯和中国农业发展情况的考虑，做出了农业以种植马铃薯等杂粮为主的决定，这样更有利于解决大多数人的温饱问题，保障和改善民生。"在中国人的饮食中，谷物、豆类和马铃薯提供几乎十分之九的卡路里摄入量，一般情况下，糖、植物脂肪、动物蛋白质和维生素摄入不足。"②

英国学者乔·史塔威尔（Joe Studwell）在《亚洲大趋势：中国和新兴经济体的未来》一书中指出，"资本家的大农场可以为其带来最高的投资回报率，但这种'农业效率'不适合发展中国家"。中国和东南亚国家的农业劳动力数量远远超过了19世纪美国的农业劳动力数量，"非常适合发展精耕细作的、高产出的园艺式农业"。家庭农场尤其适合中国的部分经济作物，随着人口增长，农业劳动力数量与总的耕地面积的矛盾进一步尖锐，中国农民个人所能拥有的土地数量极其有限，根本不可能像西方的农场主那样依靠规模化的土地经营获得高额利润。农民在土地改革以后，在分到的土地上投入大量劳动力去终止劳动密集型

---

① GARGI D. Some Problems of China's Rural Communes [J]. The China Quarterly, 1963 (16)：112-136.

② W K. Communist China's Agricultural Calamities [J]. The China Quarterly, 1961 (6)：64-75.

的作物，在每公顷土地上投入的劳动天数增加了50%以上，西方这种补贴型的自由农业制度完全不适用于中国的农业环境。这是因为二者有着完全不同的历史背景和现实约束，从近些年的学术史梳理来看，西方学者对中国农村集体所有制的研究正在发生历史的转变。①

美国加利福尼亚大学洛杉矶分校历史系教授黄宗智在《认识中国——走向从实践出发的社会科学》一文中专门研究了中国农业经济的实践历史，在他看来，英国工业革命的突出特点是手工业和农业的分离现象，但这是"出于好几个相对独立的历史趋势的偶然交叉所致，当时不可见于世界其他地方"。中国的情形尤其与之不同，它所显示的是这个经济体在实践中的生存逻辑，"在人多地少的压力之下，小农家庭同时借助于种植业和手工业来维持生存，缺一不可。两者任何之一都不能单独运转。"出于这种独特的人口和环境问题，中国绝无可能完全复制英国的工业化模式，并且中国事实上呈现出"与亚当·斯密理论期待相悖的现象"。② 这种人多地少的国情约束在社会主义时代继续发挥着作用，由于中国乡村的规模巨大，农村劳动力人口密集，必须在坚持农村土地集体所有的前提下，把握好农村土地适度规模经营的尺度，绝不可实施土地私有化。

（四）新时代农村土地"三权分置"，进一步促进中国农业经济的发展

国外学者对新时代中国农村土地制度改革予以高度评价，在多数人看来，"三权分置"是中国在农业经济领域的又一制度创新，将极大地改善中国农业的生产效率。澳大利亚阿德莱德大学教授高默波分析了新

---

① 史塔威尔. 亚洲大趋势：中国和新兴经济体的未来［M］. 蒋宗强，译. 北京：中信出版社，2014：3-6.

② 黄宗智. 认识中国——走向从实践出发的社会科学［J］. 中国社会科学，2005（1）：83-93，207.

时代中国农村农业的发展，他认为，解决当前农村问题的关键是土地所有制问题，随着农村土地的"三权分置"与村级集体经济试点，中国的农业经济势必蒸蒸日上。①

中国在农业领域加强农业生态文明建设。美国国家人文科学院院士、中美后现代发展研究院院长小约翰·柯布（John B Cobb Jr）在《发展生态文明的中国优势》一文中认为，中国具有发展生态文明的天然优势，因为中国大多数农民在村子里仍然从事着精耕细作的小农经济。这些小型的、多样化的家庭农场最能解决未来人类食品安全问题，同时也是中国社会政治经济稳定的根基所在。在多数海外学者看来，中国当前的农业决策和关于农村发展的决定，将关乎成千上万中国人的命运，甚至影响世界未来的走向。此外，在政治文化上，中国同样具有优势。因为中国的政治与西方不同，是一种共同体治理结构，能够集中力量推行政策。总之，选择直接进入生态文明，必将带给中国一个千载难逢的伟大机会。②

三、中国农民生活水平的提高

在海外学者看来，农业领域的自由化政策只不过是塑造了无意义的"虚假需求"。中国的农村集体所有制有效地保障了农民的基本生活。通过集体所有制，中国避免了资本集团对中国农民的掠夺，保障了中国9亿农民的基本生活条件，他们能够依靠土地获得虽然数量较少、但却高度稳定的收入保障。阿里夫·德里克认为，中国的农村集体所有制为市场经济下的农民提供了最基本的收入保障，避免了他们被全球资本主

---

① GAO M. Whither Rural China? A Case Study of Gao Village [J]. The China Quarterly, 2017（229）: 23-43.

② 柯布. 发展生态文明的中国优势 [N]. 人民日报，2015-08-21.

义所掠夺。① 农村土地私有化的政策导致了发展中国家的社会经济困境。土地在发展中国家农民的生产生活中扮演着重要的角色，它是农作物的主要来源地，世界上的数十亿农民都通过在土地上种植粮食而谋求生存，此外，农民还需要通过饲养牲畜、种植菜园等方式来补充他们的食物来源。

（一）中国保障农村土地的集体产权，为农民生活提供基本的保障

美国威斯康星大学教授丹尼尔·布罗姆利在其文章中指出，经济波动直接影响了发展中国家的出口贸易和制造业，劳动力失业问题迅速加剧，这成为广大发展中国家在现代经济环境下最为头疼的问题。在总结前社会主义国家土地私有化后的沉痛教训后指出，中国经济在过去的几十年始终保持活力的重要原因之一在于"农村土地由集体或村镇掌握，这为劳动力适应经济总体发展情况而随时离开或回到农业生产提供了内部手段"②。换言之，中国农民工在城市与乡村中相对自由的流动，成为适应现代经济周期性波动的重要机制。农村集体所有制提供了现代经济环境下应对危机的制度手段。农村集体所有制为应对经济危机提供了社会保障和缓冲能力。应对各种经济危机始终是各国经济政策的重要内容之一。相比之下，中国的农村集体所有制显然为应对经济危机提供了一种更为制度化、更安全的应对手段。

---

① 德里克. 全球化与国家发展：中国革命的视角. 李百玲，译［M］//杨雪冬. 全球化与社会主义的想象力. 重庆：重庆出版社，2009：281.

② BROMLEY D W. Property Rights and Land in Ex-Socialist States［M］//HO P. Developmental Dilemmas：Land Reform and Institutional Change in China. London：Routledge，2005：28-30.

（二）中国推动和支持农村地区的工业化，提供多样的谋生方式

日本学者顾琳在《中国的经济革命：二十世纪的乡村工业》一书中指出，中国改革开放之后，农村工业化蓬勃发展，人们通过传统方式积累小额资本并发展成小企业，然后成长为大企业。"现代企业雇主往往是西装革履、远离劳动生产过程，但农村企业家则是行走在一线，直接面对他们的生意、工人及技术。当机器出现故障时，他们可以亲自解决。"起初，农村企业的生产技术水平较低，比如高阳县纺织企业最初的生产只能从制造简单布料开始，逐渐发展到先染纱线再织布、做出格子条纹，再到使用人造丝及混纺等工艺。随着企业的发展，生产技术水平和产品附加值逐步得到提高。正如王国斌所评论的，任何读了这本书的人都不会再认为工业化主要是一个大变革时期的城市现象，中国农村已经为工业化进程作出了重要的准备和贡献。①

克里斯·克拉莫尔（Chris Bramall）在《中国农村工业化》② 一书中，对中国两百多个县域农村的案例和数据进行分析，并以广东、江苏和四川省内的县级工业化作为重要案例，研究了中国农业工业化的历史及其影响。其结论认为，毛泽东时代中国农村的"炼钢"等工业化实践，对于改革开放初期中国的村办企业发展具有重要的意义，在此过程中，中国农民的素质和能力得到了全方面的锻炼，积累了丰富的"人力技能资本"。中国农民素质的提升，为其进城务工，以及更好地融入城市化进程打好了基础，农民以及农民工为中国的现代化作出了重大的贡献。

---

① 顾琳. 中国的经济革命：二十世纪的乡村工业［M］. 王玉茹，张伟，李进霞，译. 南京：江苏人民出版社，2010：183-185.
② BRAMALL C. The Industrialization of Rural China［M］. Oxford：Oxford University Press，2007.

荷兰格罗根宁大学经济增长和发展中心荣休教授安格斯·麦迪森（Angus Madison）在《中国经济的长期表现：公元 960—2030 年》一书中，也肯定了"农村家庭的非农业活动"对于农民收入增长和生活改善的意义。安格斯·麦迪森指出，中国的农村家庭除了从事播种、施肥和灌溉等劳动密集型生产以外，还可以从事大量其他的生产活动，包括果园、池塘养鱼、喂养家禽等畜牧业。此外，"重要的工业生产也以农村家庭为中心"，改革开放初期，不少农村家庭从事纺织、制衣、皮革制品、草藤及竹制品的生产。随着中国城镇化进程地加快，进城务工成为中国农民的新选择，所有这些非农业活动都提高了农民的收入。① 从总体上看，中国农民并非生活在一个勉强维持生存状态的经济中，而是身处一个由连接多个市场形成的商业活动网络中，中国农民因此有着更为多样化的收入来源。

（三）中国城市工业化的发展，带动了农业地区的发展

中国的农业政策避免了涌入城市的贫民与资本阶层的矛盾。农业生产对于多数发展中国家来说，农村土地被资本集团抢占，农民被剥夺了基本的生活资料成为彻底的贫民，只能从农村游移到城市中来，他们没有受过足够的教育，劳动技能不足，在城市中根本找不到合适的工作。发展中国家的工业化本来就处在起步阶段，还要承受西方跨国公司的压迫和竞争，本地工业根本没有足够的空间来吸纳大量从土地上被排挤出来的农民。资本主义不允许农民的继续存在，但又没给他们提供替代性的生计，其结果就是城市贫民窟的涌现，农民成为无家可归的流浪者。

中国的农村集体所有制对维护社会稳定发挥了重要作用，通过农村集体所有制，中国避免了资本集团对中国农民的掠夺，保障了中国 9 亿

① 麦迪森. 中国经济的长期表现：公元 960—2030 年［M］. 伍晓鹰，马德斌，译. 上海：上海人民出版社，2016：31.

农民的基本生活条件。中国在农村改革中坚持土地集体所有的基本制度，最大程度上保护了农民的利益。中国政府坚决维护农村的基本经济制度，确保集体所有制和农民的土地使用权，保证土地成为农民最基本的社会保障，同时不断增加对农民的扶持和补贴。中国在改革开放以来实行的农村集体所有制经济模式，既促进了农村生产力的发展，又为城市工业化提供了高质量的劳动力资源，还在危机时期提供了社会保障网的作用。阿里夫·德里克认为这是"中国社会较此前其他社会主义社会更有能力的原因，这种能力使它经受住了资本主义在全社会中的破坏力量"[①]。坚持农村自力更生和"城市反哺农村"并重，完善农业生产的集体协作机制，避免自由化政策牺牲掉农民的利益，目前来看这是中国特色社会主义的最优选择。

（四）中国改善农业地区的福利和保障，提供社会流动的机会

英国学者乔·史塔威尔在《亚洲大趋势：中国和新兴经济体的未来》一书中不仅论述了农村土地制度对于提升农业生产效率的作用，而且探讨了农村土地制度对于实现社会公平的积极意义。他认为，中国土地改革的第二个影响在于"实现了土地这种最基本的非人力资源的公平分配，催生了高度的社会流动性"。中国通过土地革命打破了地主与农民的阶级划分，这使得所有人都能够在公平的起点上进行竞争。根据乔·史塔威尔的考察，中国政界官员和商界企业家中的很多人都是来自农民家庭，他们作为"农民的儿子"，经过自己的艰苦努力实现了社会身份的改变——这种社会流动性事实上是一个重大的社会进步，它恰恰立足于中国农村土地革命的历史。东南亚国家由于缺少土地再分配的革命历史，至今仍摆脱不了精英世袭的社会问题。乔·史塔威尔写道：

---

① 德里克. 全球化与国家发展：中国革命的视角. 李百玲，译 [M] //杨雪冬. 全球化与社会主义的想象力. 重庆：重庆出版社，2009：281.

"东南亚地区从来没有实行过公平的土地再分配,因此社会成员也就无法建立机遇均等的社会。"中国的土地革命是实现社会公平的起点,使得所有中国人都得到了成功的同等机会与可能性。①

新时代中国政府更加重视农村教育公平的努力,极大地提升了农村子女的成长机会。游丽莎(Lisa Yiu)和亚当斯(Jennifer Adams)在《中国农村教育改革:理解农村青年对教师的期望》一文中对农村教育和农民素质进行了研究,新时代农村教育改革的推进,实现了农民素质的进一步提高和农民的全面发展。中国进一步加强教师队伍建设,补齐民族地区、边疆地区、贫困地区基础教育的短板。中国对农村教师队伍建设采取更加有力的措施,着力从总体上研究解决农村地区的教育短板问题。中国政府致力于提高农村地区的教学质量,是缩小城乡教育差距努力的关键组成部分,对于提高人民生活水平具有重要的意义。②

瑞典哥德堡大学教授古毕扬高度评价了少数民族自治区的收入分配政策,他指出由于公平的收入分配政策,在少数民族自治区的农村,少数民族与汉族在可支配收入上基本不存在差距,促进了少数民族地区的和谐稳定。③ 生活富裕意味着更健全的社会保障,一项研究表明,新型农村养老保险的实施在改善农民生活水平的同时提高了农民对中央人民政府和地方人民政府的政治信任,不仅是养老保险的受益者,就连潜在的政策受益者也表现出更高的政治信任。

---

① 史塔威尔. 亚洲大趋势:中国和新兴经济体的未来 [M]. 蒋宗强,译. 北京:中信出版社,2014:70.

② YIU L, ADAMS J. Reforming Rural Education in China: Understanding Teacher Expectations for Rural Youth [J]. The China Quarterly, 2013 (216):993-1017.

③ GUSTAFSSON B, DING S. Why Is There No Income Gap Between the Hui Muslim Minority and the Han Majority in Rural Ningxia, China? [J]. The China Quarterly, 2014 (220):968-987.

四、中国农村土地制度与社会稳定

更多的西方学者对中国农村集体所有制的政治与社会意义进行了研究。在以往的研究中，他们往往只关注农业生产的效率以及农民收入的增长问题，这种"效率中心主义"的思路正在得到西方学术界的反思和批判。在新一代的研究者当中，他们越来越关注国家治理与农村土地制度的关系。随着中国农村改革的不断推进，以及农民生活水平的大幅提升，海外学术界对中国农村改革的认识趋于正面。越来越多的学者已经认识到中国共产党领导农村改革与发展的伟大成就，这其中既包括农业生产力的提升，又包括农民生活水平的改善，还包括农村社会的稳定。这将有效地促进农业的发展，提高农民人口的收入，拉动国家的内需增长，并有利于国家的整体稳定。

（一）农村土地集体所有制避免了"土地兼并"，保障了农村的稳定

杜克大学教授阿里夫·德里克在《全球化与国家发展：中国革命的视角》一文中指出，全球资本主义导致了资本集团对农村土地的掠夺，很多发展中国家的土地被国内外的资本集团所圈占，农民被剥夺了基本的生活资料成为彻底的城市贫民。中国成功地避免了这一问题，在中国的城市中并没有出现像印度那样的贫民窟，这主要是因为毛泽东领导的土地革命终结了困扰中国历史几千年之久的"土地兼并"的问题。家庭联产承包责任制的改革并没有从根本上动摇农村土地集体所有制，这一制度的好处在于避免了资本集团对农民土地的掠夺，保障了中国9亿农民的基本生活条件，为他们提供了相对稳定的收入保障，中国农民在改革开放后的收入始终处在增长之中。基于对全球化的分析，阿里夫·德里克将中国的农业制度视作"革命性地挑战了资本主义全球化

力量的最重要案例"①。

（二）中国共产党在农村的基层领导，改善了农村地区的社会秩序

中华人民共和国成立初期推动农业集体化的努力，与苏联农业集体化有着本质上的区别，其整个过程是相当和平的。费正清在其著作中高度肯定了中国共产党领导农业集体化的历史过程，"与苏联农业集体化造成极大破坏不同的是，中共从很早以来就是农村的组织者，很接近并且依靠农民，所以他知道怎样采取渐进的方法以达到最后的目的"②。在费正清看来，中国共产党领导的无产阶级革命很早就与农民结成了统一战线，党与农民之间有着亲密的联系，并赢得了农民的支持。在党的领导下，中国采取渐进的方式，赢得了农民对土地集体化的支持，并尽可能地避免了冲突，这是中国农业集体化的成功之处。中国政府以解决人民内部矛盾的方式维护了农业社会的稳定。

中国共产党基层组织拥有解决农村矛盾的经验，维护了农村社会的和谐与稳定。农村基层党组织为基层政治组织的建设提供了经济基础。中国的农村集体所有制有效地保障了中国政治与社会的稳定。村集体的存在是确保党管农村的重要支柱，土地集体所有又是这一政府和组织框架的经济制度基础。农村基层党组织是维护农村稳定的坚强领导核心。在党的领导下，中国农民的生活水平明显得到改善，农民对于基本生活的满意度空前提高，这反过来增强了农民对于中国政治体制的满意度和信任感。随着农民生活水平的提高，农民成为中国政治制度的拥护者，中国社会趋于和谐稳定。③

---

① 德里克. 全球化与国家发展：中国革命的视角. 李百玲，译［M］//杨雪冬. 全球化与社会主义的想象力. 重庆：重庆出版社，2009：261.

② 费正清. 伟大的中国革命［M］. 刘尊棋，译. 北京：世界知识出版社，2003：334.

③ LI Z, WU X. Social Policy and Political Trust：Evidence from the New Rural Pension Scheme in China［J］. The China Quarterly, 2018（235）：644-668.

（三）中国加强农村地区的文化建设，塑造团结互助的社会氛围

农村集体所有制确保了中国传统的互助文化的延续和传承。中国的农业文化中保留了很多有利于社会和谐的元素，包括对家庭的重视、彼此间的互助机制、共同的祖先文化、与人为善的理念等，这些文化观念构成了农村社会的情感纽带，对于维系农村社会长达数千年的稳定具有重要的意义。农村自由化政策直接摧毁了这些固有的文化信仰，曾经作为一个互助社群的农村被全面地解体，农民不仅失去了赖以生存的土地，也失去了心灵上的安全感和归属感。相比之下，中国的农村集体所有制更有利于传统文化的传承。中国的儒家文化很大程度上是一种农业文明，传统的农村社会是保存中国传统文化的重要土壤，在很多的乡村，还保留着浓重的传统生活习惯，以及相关的文明遗产。相比日益单一化的现代都市，中国的农村更能体现中国传统文明的色彩。随着中国乡村旅游的发展，城市群体到乡村去体验文明和文化，必将更有力地推动传统文化的延续和发展。

正如美国学者理查德·罗宾斯（Richard Robbins）所观察到的，中国重视农业地区的文化建设，对于农业地区的和谐稳定具有重要的意义。在拉美国家，面对本地富人和外地资本家的资源掠夺和情感冷漠，农民很容易因为不平等的待遇而走上革命的道路。农民抗议多数都是围绕土地而进行的斗争，但是当这种斗争不能实现农民的目标，甚至遭到政府和资本集团的联合压迫时，农民的反抗会引发全国性的混乱，在墨西哥爆发的萨帕塔民族解放运动（EZLN），就是农民对资本主义进入土地领域的一种反抗。发展中国家在保护农民土地的同时，还应该重视传统文化的教育与传承，这对于农村社会的稳定与团结有着重要的意义。

五、中国农村土地制度的世界意义

西方国家倡导的农业自由化理论，在全球范围内造成了帝国主义掠夺的后果。对发展中国家的农业自由化政策还必须有一个全球政治的视角。美国等发达国家一直提倡农业领域的全球自由贸易，但它们本身就是不守规则的国家，美国在农业领域的大量补贴意味着美国农业相比其他国家有着更大的竞争能力。另一方面，发展中国家由于自身的粮食生产掌握在西方的跨国公司手中，其主权和国家安全受到严重的威胁——这构成了很多学者所言的"粮食战争"。

（一）中国坚持农村土地集体所有制，具有反抗帝国主义的意义

从全球比较的视野来看，中国坚持有自身特色的农业发展道路，具有抵抗"农业帝国主义"的意义。中国有着完全不同的历史与现实，农村集体所有制是适宜中国农业、农村和农民的最好选择。农业生产和粮食供应的稳定，关系到民众的生存问题，对于一个国家的战略安全具有重要的意义。

在国外学者看来，农业领域的自由主义隐含了西方的帝国主义战略。英国学者拉吉·帕特尔（Raj Patel）在《粮食战争：市场、权力和世界食物体系的隐形战争》一书中指出，农业生产和粮食供应的稳定，关系到民众的生存问题，对于一个国家的战略安全具有重要的意义。在西方主导的自由贸易体制下，隐藏了农业政策背后的战略考量：美国通过对本国农业生产的补贴，确保了自身的粮食安全，这是美国维护自身的国家利益的表现。① 西方农民的相对富裕与其说是私有化，倒不如说

---

① [英]拉吉·帕特尔. 粮食战争：市场、权力和世界食物体系的隐形战争 [M]. 郭国玺，程剑峰，译. 北京：东方出版社，2008：29-30.

是因为农业资本家的身份、组织利益集团的传统以及发达国家的中心地位，方才形成了这种补贴型的农业自由体制。

中国农村土地制度保障了国家的政治主权独立。发展中国家的农业自由化，导致自身委身于西方帝国主义的体系之下。中国通过农村集体所有制有效地维护了中国主权安全。农村问题关系到国家的战略安全，中国通过坚持农村集体所有制，保证了土地始终控制在必要的范围之内，国家的粮食安全得到保障，粮食安全进而确保了中国的战略安全。

（二）中国在农业制度上的探索，引发西方对农业自由理论的批判

西方的农业发展史充满了剥削和掠夺，西方在经济发展中的农村问题是通过对外征服解决的，而中国必须在国家的内部予以化解。在西方的历史上，早期的资本积累是通过两个过程完成的：在内部，资本家残酷地剥夺农民的土地，造成了农民的彻底无产化，大批的农民被剥夺了土地，只能去工厂里出售自己的劳动，这就形成了马克思所批判的"羊吃人"悲剧；在外部，西方的农民和新教徒广泛地迁徙到美洲、大洋洲等新大陆的土地上，通过屠杀当地的土著民族，抢占他们的土地而获得自身的生存条件，他们成为最初的殖民者。在西方早期的资本主义发展史上，西方资本家就是通过"驱赶农民，屠杀土著"的方式来掠夺农民的土地，并由此获得了大量的廉价劳动力。但是，今日的中国已经没有可供殖民的外部土地，也不可能选择那样暴力的对外方式，中国的农民唯有通过在集体化的环境下自力更生，才能为中国的经济发展提供初步的经济存积，这是一种符合中国现实的选择。①

西方农业资本家构成了民主政治中的强大利益集团。弗朗西斯·福山在《政治秩序的起源》一书中认为，当代的美国农民继承了斯堪的

---

① 黄仁宇. 中国大历史［M］. 北京：生活·读书·新知三联书店，2007：162.

纳维亚农民"组织成集团向国家争取权利"的古老传统,① 正是这一自由结社的传统决定了美国的白人农场主成为最为强大的利益集团之一,他们既有着强烈的自我组织意识,又有着现实的政治操作能力,能够通过政治游说、捐款等各种方式来争取自身的利益。相比之下,中国缺少这种政治结社的传统,在历史上中国农民更像是"一团散沙",他们缺少组织起来维护自身利益、抗衡资本集团的意愿、能力和传统。

在这样的政治传统下,政府不负责任地将农民完全抛给市场,只能进一步加剧农民的生存困境,而不可能增加他们的福利。它必须承担对农民的道义责任,在鼓励农业发展的同时保护农民免受自由市场的侵害。当代西方补贴性农业的受害者是低收入的工薪阶层,国外学者还认识到,西方的农业制度反映了农业资本集团的利益,普通人的权益并没有得到尊重和保护。尤其是作为工薪阶层的消费者,他们需要付出更多的资金来购买农产品。正如美国学者兰德尔·洛克所分析的那样,那些"拥有巨大潜在利益的少数选民(农场主),在政治市场上可以战胜具有较低潜在成本的多数选民(农业消费者)"②。

(三)中国农业发展取得的成就,为发展中国家提供现代化的启示

来自西方的左翼学者和发展中国家的本土学者已经认识到,西方的自由主义政策并不能为发展中国家的农业带来更好的前景。中国的农村土地制度因此具有重要的世界意义,它引发了西方国家的制度反思,并为广大发展中国家提供了新的路径。中国改革的经验可能最适用于发展

---

① 福山. 政治秩序的起源:从前人类时代到法国大革命 [M]. 毛俊杰,译. 桂林:广西师范大学出版社,2012:308.
② 洛克,帕索尔. 美国农业项目的扩张 [M] //费希拜克,恩格曼,利贝卡普,等. 美国经济史新论:政府与经济. 张燕,郭晨,白玲,等译. 北京:中信出版社,2013:442.

中国家，这些国家经济政策倾向于鼓励工业化和城市化，而轻视农村和农业。从减贫的角度来看，中国的成功在很大程度上是反其道而行之：鼓励并惠及乡村农业。中国农村有这么多农民，农民生活水平的提高意味着全国人民生活水平的全面提高。各国可以吸取的经验就是纠正偏向城市的发展政策。①

在多数发展中国家，农村土地被资本集团抢占，农民被剥夺了基本的生活资料成为彻底的贫民，只能从农村游移到城市中来，他们没有受过足够的教育，劳动技能不足，在城市中根本找不到合适的工作。更何况，发展中国家的工业化本来就处在起步阶段，还要承受西方跨国公司的压迫和竞争，本地工业根本没有足够的空间来吸纳大量从土地上被排挤出来的农民。正如学者邓肯·厄尔所认为的，资本主义不允许农民的继续存在，但又没给他们提供替代性的生计，其结果就是城市贫民窟的涌现，农民成为无家可归的流浪者。自由化政策只不过是塑造了无意义的"虚假需求"。

这是因为二者有着完全不同的历史背景和现实约束，从近些年的学术史梳理来看，海外学者对中国农村集体所有制的研究正在发生历史的转变。"任由市场力量发挥作用，那么农业产出往往会停滞不前，甚至会下降。"② 坚持国家在农业发展中的作用，通过国家的力量发展本国的农业经济。现代农业生产所面临的一个重要问题在于公共基础设施的不足，诸如水利、灌溉、道路建设等方面的基础设施投资对于农业生产效率的提升至关重要。很多发展中国家在实行土地私有化后，农村的公共基础设施迅速退化，这是农业生产效率不升反降的重要原因。农村集

---

① 中国减贫成就斐然 美学者：世界应学习中国扶贫经验 [N]. 中国日报，2019-04-13.

② 史塔威尔. 亚洲大趋势：中国和新兴经济体的未来 [M]. 蒋宗强，译. 北京：中信出版社，2014：3-6.

体所有制为中国城镇化提供了持续稳定的劳动力供应。

发展中国家应该重视教育的普及，这是实现真正社会平等的前提条件。相比之下，东南亚国家至今仍摆脱不了精英世袭的问题，因为"东南亚地区从来没有实行过公平的土地再分配，因此社会成员也就无法建立机遇均等的社会。"在乔·史塔威尔看来，土地革命是实现社会公平的起点，使得所有国人都得到了成功的同等机会与可能性。① 在很多发展中国家，失去土地以及传统纽带的贫民对社会产生严重的敌视情绪，有可能导致抗议和内战。现代经济是高度全球化的经济，市场机制的不确定性导致经济波动和风险的存在，发展中国家作为世界体系的外围国家，往往更容易受到经济危机的冲击。

六、海外中国农业研究的评价与启示

中国坚持农村土地集体所有制，具有一定的历史必然性。中国在内部面临"人多地少"的矛盾，在外部没有所谓"新大陆"可供移民，中国唯有选择具有中国特色的农业发展道路。中华人民共和国成立以来，我们在建立农村土地集体所有制的基础上，不断推进农村土地制度的完善，取得了重大的成就和经验。中国的农业生产率稳步上升，解决了 14 亿人口的吃饭问题，确保了国家的粮食安全；中国农民的生活水平不断提升，不断融入城市化的进程之中，小康社会正在全面建成；中国的农村社会保持了稳定，不存在土地兼并带来的大规模冲突，整个社会呈现出团结和谐的气象。这些都体现了中国农村土地制度的优势，体现了我们党领导农村发展的历史成就。

一是海外学者重视中国大历史的研究方法，肯定中国农村土地制度

---

① 史塔威尔. 亚洲大趋势：中国和新兴经济体的未来［M］. 蒋宗强，译. 北京：中信出版社，2014：70.

的历史意义。对中国历史有着深入研究的一些汉学家和史学家，对中国的农村集体所有制有着完全不同的解读。这些学者一般都对中国的历史传统有着较高的评价。在他们看来，中国历史上从来就不存在完全私有化的农业经济体制。中国在很长的一段时期内实行"小农经济"，且允许小范围内的土地流转，虽然土地买卖的空间极其有限，不过政府在有限的空间内是允许土地进行买卖的，但严厉禁止大规模的土地兼并，当代中国的农村政策很大程度上是对这一传统的继承，持此观点的学者包括华裔历史学家黄仁宇、美国著名学者费正清以及英国马克思主义学者彼得·诺兰等。审慎对待西方学者对中国农村改革的研究，注意其研究方法和视角的变化，有利于我们形成西方对中国研究整体性的看法。他们当时对农村研究多采用宏观的研究视角，部分是因为学者们获得中国农村发展一手数据比较困难。

二是重视经验研究与理论研究的结合，肯定中国农业制度背后的伦理意义。海外学者认识到中国农村土地政策的特殊性，同时，又通过回溯中国几千年的历史，找到与这种土地制度有关的历史渊源，且提出自己的观点。这些观点有一定的道理，是一种中国式的规律体现，例如土地兼并。当然，中国历史中经常出现的大规模的土地兼并确实和土地政策有关，正是因为土地政策上的模糊和无力导致了因为土地问题所引发的革命和危机。当代中国农村土地制度依据马克思主义的理论指导，体现着社会主义的根本性质，有着现代化的法律基础，有着共同富裕的理想和目标，彻底解决了土地兼并的历史问题……这一切都体现着社会主义新农村与传统农村的区别。

三是海外学者重视经验与案例研究，以小见大凸显中国农业制度的价值。海外学者的中国农村研究既重视宏观研究，又重视微观研究，二者的有机结合增强了国外对中国农村研究的学术价值。宏观的研究也倾向于从微观入手，这在西方学者研究中是常见的研究方法。改革开放后，西方学者对中国农村则更倾向于个案研究，依托田野调查的数据，倾向于自下而上地审视中国农村的发展，通过对中国农村基层社会生活图景的复原，揭示中国农村发展的内在逻辑。德国学者安娜·L.阿勒斯（Anna L. Ahlers）和冈特·舒伯特（Gunter Schubert）在《战略示范：中国三个县的社会主义新农村建设》一书中，以中国三个县的新农村建设作为案例，以小见大，展现了社会主义新农村建设的时代风貌。

四是重视中西方历史与现实的比较视角，深刻理解中国农村土地制度的必然性。在乔·史塔威尔等学者看来，中国与西方有着完全不同的历史与现实，农村集体所有制是适宜中国农业、农村和农民的最好选择。正如乔·史塔威尔所指出的，西方资本家的大农场可以为其带来最高的投资回报率，但这种"农业效率"① 不适合发展中国家。对美国农业史有深入了解的学者，则肯定了中国与美国的区别所在，他们认为农村集体所有制是中国在不同于西方的历史环境下所做的正确选择。这些学者的研究具有重要的价值，尤其是他们关于中西方农民问题的比较，极大地开阔了研究的视野。这些研究的展开，有助于我们认识到中国农村问题的复杂性，尤其是中国的农村问题有着完全不同于西方的内容，唯有通过自主的制度创新，才有可能真正地解决中国的农村问题，实现城乡的协同发展。

五是加强与海外学者的沟通与合作，在交流中建构中国农业经济话语。海外学者既关注中国农村的经济发展，也关注中国农民的收入和生活水平，还关注中国农村的社会稳定问题。海外学者对中国农村改革的研究展示了中华人民共和国成立以来社会主义农村建设与改革的完整图示。在这一时期，多数学者本着客观中立的立场高度评价了中国农村改革取得的成就，分析了中国农村改革提供的经验，并指出了中国农村改

① 乔·史塔威尔. 亚洲大趋势：中国和新兴经济体的未来，蒋宗强. 译，北京：中信出版社，2014：69-70.

革的世界意义。

此外，中国还要积极借鉴海外生态农业的经验，通过深化改革，建设社会主义新农村。中国的改革是在变动中取得发展的，只有不断调整生产关系中与生产力不相适应的部分，调整上层建筑中与经济基础不相适应的部分，社会主义新农村建设才能保持生机与活力。中国具有发展生态文明的天然优势，中国当前的农业决策和关于农村发展的决定，将关乎成千上万中国人的命运，甚至影响世界未来的走向。选择直接进入生态文明，必将带给中国一个千载难逢的伟大机会。①

六是抵制西方中心主义观念，批判西方有关土地私有化的错误观点。西方学者的研究也存在着问题。如耶鲁大学金融学教授陈志武错误地认为，当代中国农村地区的土地集体所有制是中国经济社会发展的重大障碍。陈志武批评中国农村土地集体所有制导致土地的产权不清晰，妨碍了农民获得现实性、制度性的获益保障。此外，集体所有制使得政府和资本集团对农村土地的侵占变得无法可依，这是中国前些年来围绕土地问题不断引发群体性事件的重要原因。② 陈志武的观点显然是错误的，他的研究是对中国农村土地集体所有制的误解和偏见。西方学者对中国农村集体所有制的早期分析，显然带有一种浓重的"西方中心主义"色彩。这些学者对西方农业发展的真实情况缺乏分析。当代西方并不是完全的农业自由体制，而是一种政府补贴型的半自由农业体制。

---

① 柯布. 发展生态文明的中国优势 [N]. 人民日报，2015-08-21.
② 陈志武. 农村土地私有化不会导致社会不公 [EB/OL]. 搜狐网，2014-03-28.

第七章

生态文明建设是功在当代的事业

——海外学者论中国生态文明建设的优势

生态文明是人类社会进步的重大成果。人类发展经历了原始文明、农业文明和工业文明，生态文明是工业文明发展到一定阶段的产物，是实现人与自然和谐发展的新要求。历史地看，生态兴则文明兴，生态衰则文明衰。古今中外，这方面的事例众多。党的十八大以来，党中央将绿色发展作为指导中国发展的五大理念之一，开启了中国绿色发展的新时代。国外学者对中国绿色发展的关注和研究从 21 世纪初就已经开始。从科学发展观到绿色发展，国外学者普遍认识到这是当代中国的重大战略转型，必将对中国未来的发展方向产生深刻的影响。与多数中国学者不同的是，国外学者更为关注绿色发展从理念到实践的转换过程。为此，他们通过实证、经验和案例等多种研究方法，对中国的绿色发展做出了一系列研究，产生了一些有价值的研究成果。

国外学者对中国绿色发展的研究，首先围绕着"中国为什么要选择绿色发展"这一问题展开。在这些学者看来，中国政府在过去的几十年中对经济发展倾注了过多的精力，而对生态环境和资源的关注度不足，这是中国发展模式的一大缺陷。进入 21 世纪尤其是党的十八大以来，中国政府将绿色发展进一步提升到指导国家发展的重要理念的新高度，这意味着中国绿色发展新时期的到来。中国为什么会在这样一个历史节点上提出并实践绿色发展的理念，国外学者认为其原因是多方面的，这既是中国政府立足长远战略的主动规划，又是面对资源环境压力的必然选择，对于改善人民生活环境，规避地缘政治冲突，以及抵抗"生态帝国主义"都有重要的意义。

一、中国传统中的生态文明智慧

阿尔弗雷德·诺斯·怀特海（A. N. Whitehead）认为生态文明是一个现代的概念，但其思想可以追溯到中国悠久的历史传统，中华文明是一种根基深厚的成熟文明，而且它在根本上是与生态文明息息相通的。中华传统文明中有很多元素和理念，比如"天人合一"等观念，对于当代世界的生态文明建设具有重要的启示。当代中国建设社会主义生态文明，应该从中华优秀传统文化中汲取启示。

美国耶鲁大学学者玛丽·伊夫琳·塔克（Mary Evelyn Tucker）在其编著的《儒家与生态》一书中指出，"儒家思想为重新思考人与地球的关系提供丰富的理论资源"，儒家经典著作中充满了关于生态环境的真知灼见。以儒家为主体的中国文化始终强调以动态和整体的眼光来看待世界，追求一种"天人合一"的最高境界。无论是"天人和谐"的自然观、尊重生命和兼爱万物的伦理观，还是中庸之道的价值观都对于解决当代世界所面临的生态问题具有重要的启示意义。①

德国弗莱堡大学终身教授、著名汉学家胜雅律撰文指出，早在20世纪50年代，中国就已经迈开了建设生态文明的步伐。中国国务院于1957年5月通过了《中华人民共和国水土保持暂行纲要》；1973年成立了国务院环境保护领导小组办公室；1978年3月新颁布的《中华人民

---

① TUCKER M E, BERTHRONG J. Confucianism and Ecology: The Interrelation of Heaven, Earth, and Humans [M]. Cambridge, MA: Harvard University Press, 1998: 7-10.

共和国宪法》规定国家保护环境和自然资源，防治污染和其他公害。由此可见，"中国很早就有了初步的气候危机意识"①。

澳大利亚中国问题专家马克林提到，中国很早就参加了联合国人类环境会议，成为全球环境治理的早期参与者。联合国人类环境会议于1972年6月5日—16日在瑞典斯德哥尔摩举行。这是世界各国政府共同讨论当代环境问题，探讨保护全球环境战略的第一次国际会议。会议通过了《联合国人类环境会议宣言》，简称《人类环境宣言》，呼吁各国政府和人民为维护和改善人类环境，造福全体人民，造福后代而共同努力。为引导和鼓励全世界人民保护和改善人类环境，《人类环境宣言》提出和总结了7个共同观点，26项共同原则。"中国也派出了代表团参加此次会议，并在重视环境保护和改善的活动中起到了先锋作用。"②

二、中国建设生态文明的现实意义

（一）中国建设社会主义生态文明，体现经济可持续发展的要求

美国多伦多大学经济学教授劳伦·勃兰特和匹兹堡大学经济学教授托马斯·罗斯基认为，中国在过去的几十年中确实取得了举世瞩目的经济增长，但是不受约束的资源浪费和环境恶化已经在相当大程度上抵消了中国经济增长的部分成果。两位学者还在研究中引入绿色核算理论，进而计算出中国绿色净国民生产总值（GNNP），并指出在经济增长的起步阶段GNNP低于国民生产总值的现实问题。面对现有的资源和环境压力，中国选择绿色发展道路是一种理性的做法，并且从目前来看，中

---

① 徐宝锋，胜雅律. 从中华文明基因看构建后疫情时代的生态文明 [N]. 光明日报，2020-09-11.

② 马克林. 我看中国——1949年以来中国在西方的形象 [M]. 张勇先，吴迪，译. 北京：中国人民大学出版社，2013：115.

国的绿色发展已经初见成效，GNNP 的增长率已经快于国民生产总值。① 两位学者指出了资源、环境与发展模式的关系，他们在研究中所采用的经济计量学的方法也颇值得肯定。

美国战略与国际研究中心和彼得森国际经济研究所认为，在改革开放初期，中国曾经有过非常迫切的"满足人民日益增长的物质需要"的发展要求，也曾在发展政策上过于偏重经济指标，造成了自然资源的过度开发以及生态环境的恶化和破坏。但总的来看，中国政府的决策者们一直保持了一种宇宙间万物自然发展的宏观思维，且在一些重要的社会发展节点都做出了必要的、适时性的调整。恰是因为中国文明中所蕴含的这种"自然"生态文明基因，海外学者认为在中国不会出现生态危机，中国社会的未来发展应该不会是以过度的开发自然资源为代价的。如何应对能源安全和环境保护问题，不仅将决定宏观经济出现何种趋势，而且将决定中国的发展模式是否具有可持续。

（二）中国建设社会主义生态文明，体现了人民的利益和需求

随着中国经济的发展，生态环境在人民群众生活幸福指数中的权重不断提高，人民群众从过去"盼温饱"到现在"盼环保"，期盼享有更加优美的生态环境。在这种背景下，中国政府立足发展要求和人民期待，提出良好生态环境是最公平的公共产品。"中央政府对绿色经济的关注，也体现了日益增长的城市中产阶级的愿望……越来越多的中国民众要求改善环境。"中国政府希望尽可能满足民众对良好环境的期望，实现"执政为民"。对于中国来说，投资环境保护是一项一举两得的投资，既能提高民众的生活质量和健康水平，又能提升民众对中国政府的

---

① 勃兰特，罗斯基. 伟大的中国经济转型 ［M］. 方颖，赵扬，等译. 上海：格致出版社，2009：212.

支持，减少社会不稳定的风险。①

俄罗斯学者罗夫斯基（Rovsky）持有相同观点，中国政府提出"绿色化"概念，并将其与新型工业化、城镇化、信息化、农业现代化并列，明确了建设美丽中国的实践路径。近年来，中国政府为治理污染做出巨大努力，如在大城市对机动车车辆限行、迁出重工业企业等，以降低能耗、减少有害物质的排放。中国政府把重点放在优化产业结构、倡导绿色低碳交通等发展理念上，这表明民众呼声得到了政府关切，扭转环境恶化趋势、提高国民生活质量已成为中国着力攻克的重要课题。②

（三）中国建设社会主义生态文明，增强中国在国际上的软实力

澳大利亚纽卡斯尔大学教育与文学系教授罗兰·博尔（Roland Boer）认为，中共十九大意味着"生态社会主义在行动"，中国共产党把生态文明建设作为重要的战略目标，开展一系列根本性、开创性、长远性工作，提出一系列新理念、新思想、新战略，生态文明理念日益深入人心，污染治理力度之大、制度出台频度之密、监管执法尺度之严、环境质量改善速度之快前所未有，推动生态环境保护发生历史性、转折性、全局性变化。当代中国开启了一场涉及价值观念、思维方式、生产方式和生活方式的革命性变革，中国的生态文明建设发生了历史性、转折性、全局性变化，彰显了一个发展中大国的决心与担当。中国的生态文明建设对于实现中华民族永续发展，推动全球可持续发展具有重要的现实意义和历史意义。③

---

① 卡恩. 中国绿色城市的崛起：经济增长与环境如何共赢 [M]. 郑思齐，译. 北京：中信出版社，2016：162.

② 姜波，庄雪雅，陈效卫，等. 谱写绿色发展新篇章——国际人士高度评价中国生态文明建设 [N]. 人民日报，2016-03-08.

③ BOER R. Ecosocialism in Action, and Further Items on the CPC 19th congress [R]. Callaghan：University of Newcastle，2017.

小约翰·柯布发言指出，西方既有的生态治理模式更多地服务于少数的全球化精英，但牺牲了全球范围内最广泛的人民的利益，包括物质福利和环境利益。"中国对生态文明建设的重视给世界带来了希望，中国可以成为全球生态文明建设领域的领头者。"《美国经济学与社会学杂志》主编克利福德·柯布（Clifford B. Cobb）指出，中国是当今绿色能源革命的领导者之一，中国走过的发展道路与欧美国家有着明显的区别，"欧美国家过去为了保护自己的环境，把高污染工厂输出到发展中国家，但中国却只能自己解决面对的难题。"①

（四）中国建设社会主义生态文明，反映了中国和平发展的愿望

马来西亚学者钱德兰·奈尔（Chandran Nair）认为，如果中国继续沿着消费驱动型的发展模式走下去的话，将不可避免地与周边国家发生冲突，尤其是涉及喜马拉雅山脉的水资源、东海与南海的油气资源时，地区间的不稳定因素将大幅增加，并会引发中美之间的紧张关系。但若中国选择绿色发展的道路，则有助于规避与西方国家的地缘政治冲突，有利于规避地缘政治的压力，缓和中国和外部世界的关系。②

不仅如此，中国利用绿色发展的方式转型，对于中西方关系的稳定同样意义重大。大洋洲麦克瑞大学管理学院教授马修斯（Masius）持有相似的观点，中国的地缘经济存在一定的极限，一旦它超越这个界限，将不可避免地与西方国家以及周边国家发生冲突，这是地缘资源的有限性所决定的。如果中国继续遵循同西方一样的发展模式，必将导致与其他国家的竞争与冲突，"中国就会陷入国际关系的暴力、战争，甚至其

---

① 高山，郭爽. 综述：美国学者称赞中国生态文明建设新发展［EB/OL］. 新华网，2018-04-29.

② 奈尔. 亚洲的未来：走出消费式增长的"繁荣"怪圈［M］. 徐尧，李哲民，译. 北京：中信出版社，2012：135.

他非常严重的冲突之间。"① 在这些学者看来，中国选择绿色发展道路是应对日益加剧的地缘政治竞争的需要。

三、政府在生态文明建设中的角色

对于中国的绿色发展，国外学者普遍认为中国存在明显的制度优势，这对于实现绿色发展将大有助益。在 20 世纪后期，国外学者曾经对西方发起的生态治理寄予厚望，但从后来的表现来看，西方的生态治理运动远远没有从根本上解决全球生态恶化和资源紧张的问题。中国绿色发展理念的提出，以及中国绿色发展实践的推进，使得越来越多的外国学者认识到中国的优势和能力，以及这种优势对于绿色发展的积极意义。在他们看来，中国共产党的领导能够调动各方面的力量，能够持之以恒，积极作为，能够强势通过有利于环保的政策法规，并且中国的公有制和超大市场又为绿色发展提供了经济层面的保证。

（一）中国政府改革官员的政绩评价体系，确保环境治理落到实处

普林斯顿大学教授邹至庄（Gregory C. Chow）认为，中国政府正在完善政府官员的绩效考核体系，以确保地方官员对环境治理的重视。从改革开放之后的历史来看，中国的环境治理很大程度上取决于"地方政府官员的配合程度"，部分官员受制于 GDP 增长的短期激励是环境恶化的关键原因。建设社会主义生态文明，发挥政绩考核评价的指导作用至关重要，中国政府正在改革以 GDP 为中心的考核体系，建立更为完善、科学规范的政绩考核评价体系，将环境保护情况作为官员考核评价

---

① 凤凰国际智库. 大洋洲学者：中国绿色技术造福全世界发展中国家［EB/OL］. 凤凰网，2016-08-21.

的重要标准，确保考核评价结果准确体现干部的环保政绩，校正领导干部的政绩观和发展观。从目前来看，这一考核体系改革起到了非常重要的作用，地方官员对环境保护工作的重视程度不断加强，治理和改善环境的积极性显著增加，此即经济学的"激励相容"约束机制。①

中国加强中央政府的监管能力，确保地方政府严格执行环境保护的法律。邹至庄指出，在这方面，中国共产党的领导地位至关重要，既要改革对政府官员的绩效评价和激励体制，又要严格惩罚部分官员无视或违背环保法律的行为。这需要中国共产党的领导人下定决心，更需要全面加强党中央的领导能力，唯有如此才能实现中国的绿色发展。当环境保护对自身和当地的未来发展有利时，地方官员才有改善环境的动力，此即经济学的"激励相容"约束机制。②

（二）中国政府推动环保政策法规的建设，引导国民经济的转型发展

英国学者约翰·蔡尔德（John Childe）等人在《中国环保体系发展中的制度创新》一文中指出，环保领域的立法是一件牵涉利益极其广泛的工作，相关利益者会通过各种手段影响政府的环境立法行动。中国政府是环保立法和绿色发展的主要倡导者，政府代表国家和人民的长远利益，根据环境保护的需要推进生态立法的相关进程。近些年来，中国不断加快生态建设保护立法工作，建立健全保护森林、湿地、海洋、荒漠、草原、野生动植物等生态系统的法律体系。不仅如此，中国政府还强化环境执法监管队伍，加大执法力度，严厉打击违法犯罪，大幅提高破坏环境罚款上限，从根本上约束企业和公民的生态行为。"在中国，

---

① 邹至庄. 中国经济转型 [M]. 徐晓云，牛霖琳，石长顺，译. 北京：电子工业出版社，2017：190.

② 邹至庄. 中国经济转型 [M]. 徐晓云，牛霖琳，石长顺，译. 北京：电子工业出版社，2017：190.

法规的创立是自上而下进行的，而不是由非政府组织和公众的游说发起的"，中国环境法制因此拥有更多的主动性和约束力，这构成了中国与西方环境治理模式的重要区别。①

中国政府提出了一系列行业标准规范，以减少污染物的排放。彼得·诺兰注意到，为了更好地保护环境，中国政府通过了很多的法律和法规，保护资源和环境，控制污染，包括严格限制汽车尾气的排放。中国政府在各大城市已经通过统一的标准，要求"所有新车辆都必须符合燃油经济性标准，设定的标准比美国还要严格"。新的建筑规范鼓励使用双层玻璃板窗户，加装墙体外围的保护层，降低空调和暖气费用。政府限制小型发电厂的数量，推动建立大型发电厂，这不仅是因为大型发电厂在生产效率上更有保证，能够多产生20%至50%的电力，而且因为大型发电厂在节能环保方面有更好的表现，能够减少污染物的排放。中国政府要求发电厂使用煤气化联合循环发电技术，燃煤发电厂必须安装硫过滤器……这一系列举措都减少了污染物的排放，大幅度改善了中国的环境质量和水平。②

中国政府加强环境基础设施的投资，为环境治理提供基础。中国选择绿色发展，能够增强中国的软实力资源。中国在可再生能源利用方面的先进经验，也在影响着包括非洲国家在内的广大发展中国家。尽管经济总量还远不能和中国相提并论，但加纳、南非、摩洛哥、肯尼亚等国也在积极引入可再生能源方面的技术。这对非洲未来十年经济发展将产生积极影响。目前，摩洛哥拥有非洲大陆最大的一座风力发电站，另有两座风力发电站也在建设中。此外，肯尼亚图尔卡纳湖风电项目也已开工。竣工后该项目不但有望创造更多就业岗位，而且将降低该国的温室

①　崔存明. 中国环保体系发展中的制度创新 [J]. 国外理论动态，2008（6）：68-72.
②　诺兰. 十字路口——疯狂资本主义的终结和人类的未来 [M]. 丁莹，译. 北京：中信出版社，2011：131.

气体排放。①

（三）中国政府能够动员各方面的力量，形成环境治理的强大合力

法国开发署（AFD）研究部项目专员尼尔斯·德维尔努瓦（Nils Devernois）撰文指出，中国共产党的社会动员能力对于生态文明建设具有重要的意义。无论是提高能源的利用率，还是实施大规模的生态修复工程，这些工作都需要全社会的共同参与方可奏效。中国政府能够动员不同的主体进行对话和协作，包括政府、银行体系、能源生产企业、能源管理公司、工程施工方、节能设备生产商、行业协会，以及学者、实验室和科研人员等，使其参与到环境治理的进程中来。尤其是在中国西部和北部地区的生态修复工程中，中国政府发挥了重要的作用，推动了大规模的生态移民工程，明显提高了当地的绿化率，这是中国长期形成的政府动员型环境政策的体现。整个生态移民政策的实践是一个由中央政府、地方政府、市场精英、农牧民等多元主体共同参与的社会过程。②

（四）中国政府制定环境保护的长期规划，有利于推动生态文明的进程

中国政府能够确保政策的连贯性，确保绿色发展的政策和法规持续落实。贝淡宁指出，习近平和奥巴马都承诺要削减环境污染，但中国共产党显然更有能力兑现自己的承诺，这是因为党的最高目标将得到后任领导人的遵从。作为工业化过程的后果，环境问题的治理不可能一蹴而就，它需要一个长期、持续的治理过程。美国的党派政治和竞选周期限

① 阿什利. 中国坚持绿色发展是对世界的庄严承诺［EB/OL］. 国际在线，2017-10-25.

② 德维尔努瓦. 中国：努力提高能源利用率［M］//雅克，帕乔里，图比娅娜. 城市：改变发展轨迹. 潘革平，译. 北京：社会科学文献出版社，2010：82-84.

制了领导人致力于绿色发展的长期能力。随着共和党赢得大选，奥巴马政府在环境治理上的承诺被抛弃。① 中国相比西方的优势在于，中国共产党一旦下定生态治理和绿色发展的决心，党的整个体系会形成接续性的努力，保证这项重要的事业得到持续性的推进，就像中国至今还在为毛泽东所设定的发展目标而奋斗一样。

美国学者马修·卡恩（Matthew E. Kahn）注意到，中国政府在第十个、第十一个和第十二个"五年规划"中提出了一系列明确的提高能源利用效率和减少污染的目标。从数量上看，"十一五"规划有 8 项与环境有关的指标，"十二五"规划是 12 项，"十三五"规划是 16 项，这凸显近年来中国对环境保护的重视。"十三五"规划总共有 33 项指标，与环境有关的指标占据一半左右，"十三五"规划增加的大多是与环境有关的内容。虽然中国从 20 世纪 90 年代末就已经将环境目标纳入国家的"五年计划"之中，但当时实现经济增长的目标总体上还未超越环境保护的目标。随着第十二个"五年计划"的实施，中国在环境保护上的要求越来越严格，"北京将数个环境目标从'预期性'上升到'约束性'级别。"此外，约束性目标被写进了地方领导干部的年度责任合同中，成为干部考核评价的重要标准，其目的是确保各级官员履行中央政府关于环境保护的要求。②

四、经济体制改革与生态文明建设

市场经济在实现经济资源的有效配置、推动社会经济发展的同时，

---

① BELL D A, ASH T G, NATHAN A J, et al. Foreign Policy: Is the China Model Better Than Democracy? [EB/OL]. Space Battles Website, 2015-10-19.

② 卡恩. 中国绿色城市的崛起：经济增长与环境如何共赢 [M]. 郑思齐, 译. 北京：中信出版社, 2016：161.

也对生态环境产生了破坏。市场经济产生于资本主义社会，其固有矛盾和缺陷最终会以生态危机的形式展现出来。因此，在社会主义市场经济条件下，如何发挥社会主义基本制度的优越性，克服市场经济发展对生态的破坏性，就成为社会主义市场经济下进行生态文明建设的重要内容。

（一）重要经济资源的社会主义公有制，更有利于对自然资源的保护

美国佐治亚大学教授约翰·C. 伯格斯特罗姆（John C. Bergstrom）和澳大利亚悉尼大学教授阿兰·兰多尔（Alan Landol）认为，经济资源的所有制结构对于生态文明建设至关重要。从西方的生态实践来看，自由主义法律"在处理非排他性资源（如环境空气）恶化的问题上存在严重的不足之处"，公共资源往往成为私人企业急功近利的牺牲品，无助于真正意义上的生态文明建设。在中国，自然资源资产产权制度构成生态文明制度体系的核心，中国将自然资源公有制作为基本的制度安排，由政府来出面保护湖水、海洋、森林、土地等重要公共资源，划定生态保护的红线，确保环境质量的标准，控制资源利用的上限，这一系列制度手段保证了生态环境的合理开发。中国政府对公共自然资源的保护，是积累可持续发展能力、确保生态平衡的重要安排，构成中国生态文明的重要制度优势。①

胜雅律指出："人类对大自然予取予求的思维，是应该反省反思的。我们已经从山林里取得许多林木、矿产、动植物资源，但是否可以循环利用资源，而非不断地开发？"人类要思考我们与大自然互动的模

---

① 伯格斯特罗姆，兰多尔. 资源经济学：自然资源与环境政策的经济分析［M］. 谢关平，朱方明，译. 北京：中国人民大学出版社，2015：178.

式。① 在这方面，中国对自然资源的规划和利用是具有重要参考意义的。早在 2005 年 8 月 15 日，时任浙江省委书记的习近平到安吉县天荒坪镇余村考察时，就已经提出"绿水青山就是金山银山"② 的科学论断，用这种充满诗情画意的语言提醒中国人和全人类，绝不能以牺牲生态环境为代价换取经济的一时发展。

（二）中国国有企业在生态领域更负责任，引领国家的绿色发展转型

在罗思义看来，国有企业能够在生产性领域进行更多投资，增强中国的绿色创新能力，成为中国绿色发展的引领者。从微观层面看，国有企业没有私人业主，无须向私人股东支付股息，在西方会被支付给私人股东的股息，在中国则可以通过国有企业进行生产性投资，国有企业提高了整个经济体的投资水平。由于投资是技术转型和经济增长的主要驱动力，国有企业总体上拥有更好的技术创新能力，这提升了中国经济的绿色化水平。从宏观层面看，中国国有企业的国有属性意味着，它们可以在需要时被导向投资，政府将国有企业的创新效率和绿色发展作为业绩考核的重要指标，这意味着国有企业会将绿色发展作为重要任务目标。此外，相比非公有制企业，国有企业总体上缺少污染环境换取利润的内在动机。国有企业因此在中国的绿色经济发展中起到带动和表率作用。

中国的绿色机遇在扩大。在这个机遇当中，谁占据了先机，谁就赢得了主动。作为共和国长子，作为国民经济的重要支柱，国有企业有能力有职责有必要在"绿色化"进程中发挥应有的作用。国内企业在履行环保责任意识方面已远远超过外资企业，国有企业和民营企业都积极

① 徐宝锋，胜雅律. 从中华文明基因看构建后疫情时代的生态文明［N］. 光明日报，2020-09-11.
② 时隔 15 年，习近平再到安吉县余村考察［EB/OL］. 人民网，2020-03-31.

承担环保责任，践行绿色发展。在百优入围企业中，中资企业所占比例达九成以上。国有企业入围企业最多，"企业越大，责任也越大"，做好绿色发展的带头作用是社会对国有企业的期望。中国国有企业已经意识到"绿水青山就是金山银山"的道理，绿色可持续发展是企业发展的动力之源，成为推动我国环保事业发展的重要力量。国有企业特别是中央企业，已经在绿色经济发展中发挥了带动和表率作用。

中国对企业的环境规制政策，促使企业不断提高环保技术水平。美国加州大学戴维斯分校中国能源交通中心主任王云石教授对中国提出的"绿色、创新、共享"这三个关键词记忆深刻，尤其是"绿色"理念，体现了中国发展思路的转变。中国经济发展不再"唯 GDP 论"，而是更多关注发展的质量，更着眼于改善人们的生活环境。"如今在中国，大家对于环境重要性的体会更深，绿色发展深得民心，政府力度很大，我认为未来能够达到目标。"加州大学戴维斯分校和中国汽车技术研究中心就合作成立"中美新能源汽车政策实验室"签署了谅解备忘录。绿色转型是国际社会的趋势，中国的绿色发展将影响其他国家，甚至引领世界。①

（三）中国语境下的共享经济发展模式，构成生态文明的重要方案

纽约大学瓦格纳公共事务学院终身教授郭湛认为，共享经济作为一种新的经济模式，对于中国的绿色发展具有重要的意义。中国共享经济已经渗透到交通出行、营销策划、资金借贷、餐饮住宿等方方面面，深刻改变着经济形态和生活方式。中国消费者通过数字经济、共享经济等新方式进行消费，有利于形成可持续发展的生活方式，尤其是"共享

---

① 陈星星，杨曦. 美国学者：中国的绿色发展将影响世界 [EB/OL]. 人民网，2015-11-16.

单车"在减少污染、绿色出行以及缓解公共交通压力等方面优势作用明显。"共享单车"体系之所以能够快速发展起来，一是因为它与人们的出行习惯无缝衔接；二是离不开互联网金融体系的支撑，网络支付手段为其发展提供了便利条件。"共享单车"并非从无到有的理念，更多的是对共享经济创新模式的延展，这种延展本身颇有意义。考虑到中国的人口规模和消费习惯，共享经济在中国总体上有着更好的前景，人民生活方式的变革构成生态文明建设的重要维度。①

美国奥本海默基金公司董事总经理李山泉指出，随着"共享单车"的飞速发展，诸如乱停乱放，甚至恶意破坏等乱象也开始频频出现。专家建议，此时应注意地方政府、企业和客户的三方合作，地方政府根据自身情况设定停车点并合理分配、严格监管，成为管理主体；企业也应注意借助技术手段，对客户赏罚分明。同时"共享单车"几大公司应注意"带头自律"，给行业树立良好的标杆作用。"共享单车"在一定程度上引领了人们对健康出行的意识，助力大家携手共同将其打造成为一张绿色出行的城市名片。②

（四）中国政府加强环境规制，促进产业结构的跨越式发展

美国发展经济学家龙安志（Laurence J Brahn）认为，在中国的经济体制下，政府能够在环保领域进行严格的立法并保障法律的执行和实施，无论是国有企业还是私有企业都很难逃脱政府的规制和法律的制约。在这样的背景下，企业除了投身于环保科技和产业之外别无选择，那些滞后的企业将很快被严格的环保标准和激烈的环保市场所淘汰，那些积极的企业则可能获得新的竞争优势。③ 相比之下，西方在生态立法

---

① 美国学者如何看待"共享单车"［EB/OL］. 中国经济网，2017-06-02.
② 孙鸥梦. 美国学者如何看待"共享单车"？［EB/OL］. 搜狐网，2017-06-02.
③ ［美］安志. 世界的未来：中国模式对全球新格局的重塑［M］. 石盼盼，译. 北京：中国人民大学出版社，2017：184.

上已经陷入困境：软弱的民主制政府受制于各种强有力的企业利益集团，比如美国的石油产业、传统汽车行业、能源公司、工会以及大众传媒等，这些产业成为环保立法的主要反对者。①

五、中国民众的生态环保意识上升

中国大力加强生态文明宣传教育，引导公众珍惜生态、保护资源、爱护环境，动员公众积极践行"低碳、环保、绿色"理念，推动形成"节约适度、绿色低碳、文明健康"的生活方式和消费模式，让公众真正成为生态文明的建设主体和享受主体，形成全民共治的生动局面。加强生态文明教育是唤起全民生态意识的根本途径，中国通过在国民教育中持续开展生态道德教育，让生态教育走进课堂，努力营造深厚的生态教育氛围，使生态文明理念默化于心，潜化于行，增强道德的自我控制力和约束力。这就要求我们把建设生态文明、建设美丽中国化为人民群众的自觉行动，使每个人都成为生态文明建设的践行者、推动者。

（一）中国积极弘扬优秀传统文化，引导人民的消费习惯

尽管生态文明是一个现代的概念，但其思想可以追溯到中国悠远的历史传统，中华文明是一种根基深厚的成熟文明，而且它在根本上是与生态文明息息相通的。儒家经典著作中充满了关于生态环境的真知灼见。以儒家为主体的中国文化始终强调以动态和整体的眼光来看待世界，追求一种"天人合一"的最高境界，对于解决当代世界所面临的生态问题具有重要的启发意义。

中国政府正在重新启用儒家思想中的正面价值，以此破除和抑制来

---

① ［英］迈克尔·雅各布斯·玛丽安娜·马祖卡托. 重思资本主义：实现可持续性、包容性增长的经济与政策［J］. 李磊，等译. 北京：中信出版集团，2017：254.

自西方的消费主义观的渗入，政府通过教育、媒体、公益广告等各种手段宣传一种带有传统色彩的环境友好型的生活方式，中国共产党掌握的意识形态机构正在成为绿色文化的强有力的宣传者。① 中国正在倡导优秀传统文化，试图通过思维方式和文化意识的变革来培育一种新的生活世界观和生活文化。中国文化强调人是自然的一部分，强调自然生态的整体利益，追求人类健康安全的持续生存。有学者提到中国《小康》杂志所发起的"小康绿色消费调查"活动，这项调查显示有97.4%的中国人表示愿意身体力行做一个关心生态环境、不过度消费的绿色消费者。

（二）中国政府通过公关媒体进行环保宣传，提升公众的环保意识

中国对绿色消费的宣传取得良好效果，民众的参与起到重要的作用。美国科罗拉多大学传播与信息学院副教授菲德拉（Phaedra Pezzullo）举例"绿水青山就是金山银山"的案例。她认为中国目前在建设"美丽中国""绿色中国"，并将"绿色"作为国家级别的新发展理念之一，展示出中国对于环境保护的信心与力度。近十年来，中国大力宣传可持续的绿色发展理念，并通过河长制等具体的制度保障，提升民众的环保参与度。美国圣洁家庭大学副教授珍妮丝（Janice Hua Xu）以四川峨眉山生态猴区为案例，研究该景区游客所发社交媒体中体现出的环境保护意识，她的研究认为，游客对环境与动物的保护意识均有提升。②

绿色消费作为一种可持续的消费文化，充分体现出在中国独特的审

---

① ［美］马修·卡恩，郑思齐. 中国绿色城市的崛起：经济增长与环境如何共赢［M］. 北京：中信出版社，2016：161-162.

② 孙翔. 美国学者称赞中国环境传播实践 民众环保意识提升［EB/OL］. 中国新闻网，2018-06-23.

美意境中，这种消费文化无疑会为中国的绿色经济提供更大的市场。孔子提倡"君子惠而不费"，作为中国传统文化精髓的儒家的节用、知足消费价值观在当今社会仍然具有重要价值。13亿中国人对绿色生活的态度无疑会成为重要的市场驱动。这种生态和谐的理念为中国企业的绿色发展提供了更多的市场动力。

（三）中国政府鼓励更多的公民参与环境保护，民众的参与至关重要

位于美国的世界观察研究所（Worldwatch Institute）高度肯定中国政府在环境评估中允许更多公众参与的改革取向。中国首次全国环境影响评价专业人员资格考试吸引了全国1.4万人参加。三个月后，中国政府颁布了新的《环境影响评价机构资格管理办法》，对评估人员进行评估。推动公众参与是中国环境保护部加强《环境影响评价法》有效性的最新举措。鉴于中国只有1/12的人口使用互联网，公众反馈的代表性和全面性还有待观察。然而，新的法规草案是将环境问题纳入中国发展举措主流、确保环境影响评估质量、全面性和有效性以及防止环境影响评估机构受到强大利益集团影响的重要一步。[1]

中国公民在环境保护事业中的参与程度明显不够，公民组织的作用没有被充分地发挥出来。中国迫切需要有效的环境风险管理体系，公众对环境风险的认识和感知在有效风险管理的所有阶段都至关重要。然而，公众对中国环境风险的认知却鲜为人知。为了更好地理解公众对环境风险的认知，北京的大学生进行了一项问卷调查，他们代表了一个受教育程度高、对新信息普遍敏感的群体。结果表明，即使是本集团对环境风险和当前风险管理体系的了解也十分有限。进一步研究我国环境风

---

① BUCKLEY L. China to Strengthen Public Participation in Environmental Impact Assessments [EB/OL]. Worldwatch Website, 2019-06-01.

险的社会建设，寻求中国公众参与应急和风险管理的途径。阿瑟·莫尔基于对北京的大学生进行的一项问卷调查认为，包括大学生在内的中国公众对环境风险的认识还很有限，公众参与应急响应和风险管理还不够。①

（四）中国拥有最大规模的人口，这为绿色发展提供广阔的市场。

中国拥有超大规模的绿色产业市场，不必过多担心环保科技的投入和回收问题。海外学者指出，企业对绿色技术的研发和利用，不仅要考虑到政府的规制性立法，还要考虑到现实的成本回收问题，这是由企业作为市场主体的属性决定的。中国有着超过 14 亿人口的市场规模，民众对环境保护的要求越来越高，中国的绿色消费正在成为一种历史性的趋势，即使中国农民也开始关注环境保护问题。越来越多的消费者自带购物袋，优先选购绿色产品，选择购买新能源汽车，旅行住宿自带洗漱用品。与此同时，越来越多的中国企业、电商平台和快递企业推行减量包装，推出可循环使用包装箱，绿色消费成为中国消费市场的新亮点。考虑到中国庞大的人口基数，以及绿色消费群体数量的不断上涨，中国的绿色产业无疑获得了一个超大的市场空间，这为企业的绿色发展提供了有力的激励。

六、中国生态文明建设的世界意义

对于中国绿色发展的前景，多数国外学者都表示了肯定的态度。在他们看来，中国的绿色发展有着诸多的优势，既包括政治层面的优势，

---

① ZHANG L, HE G ZH, MOL A P J, et al. Public Perceptions of Environmental Risk in China [J]. Journal of Risk Research, 2013, 16 (2): 195-209.

又包括经济层面的优势，这为中国的绿色发展带来了光明的前景。尽管中国现在也面临着一系列的问题和挑战，但是中国政府完全有能力克服这些挑战，进而将中国的绿色发展推向新的高度，并拉动中国经济的可持续发展。中国的绿色发展道路将为濒于困境的西方提供新的智慧和观念，比如儒家的生态伦理观。此外，中国的绿色发展道路还将为更多的发展中国家提供生态治理的中国方案，进而为全球范围内的环境改善作出更大的贡献。

（一）中国建设社会主义生态文明，具有抵抗生态帝国主义的意义

中国生态环境的恶化，与资本主义世界体系的非正义性有关。美国得克萨斯州大学奥斯汀分校美洲研究、历史和地理专业的荣誉退休教授阿尔弗雷德·克罗斯比（Alfred Crosby）在其著作中指出，生态污染是一个全球性的问题，而西方对这一问题有着不可推卸的责任。西方将污染严重的企业大量转移到第三世界的发展中国家。西方企业将污染物排放到第三世界，工业制成品则用于西方社会的自我享受。资本主义的这种全球化并没有有效地解决环境问题。"核战争可能引人注目，值得我们关注，但对生态的漠不关心更危险，因为它悄无声息，人们迫切需要努力和生态漠视行为进行战斗。"中国追求生态文明建设，是对生态帝国主义的抵抗。①

日本《呼声》月刊于 11 月发表日本京都造型艺术大学教授竹村真一题为《是全世界在污染中国》的文章，认为中国环境污染的原因之一是中国作为"世界工厂"，独自承担了世界范围内相当比例的制造业生产，相应的环境负担也就集中到了中国。中国的生态恶化不仅仅是中

---

① 克罗斯比. 生态帝国主义：欧洲的生物扩张，900—1900 [M]. 张谩过，译. 北京：商务印务馆，2017：275.

国发展模式本身的问题，而是体现了整个世界体系的不公正性，西方国家将重污染的企业转移到广大的发展中国家，导致了全球生态环境的恶化，这是资本主义世界体系的问题。简单地将生态问题归罪于中国的发展模式，是一种不负责任和逃避责任的说法。中国一直秉承着和平发展的战略，并且希望在未来继续与其他国家和谐地相处下去，那么它必须解决自身的资源问题。目前，中国已经做出了明智的决定，它拒绝重复西方已经走过的老路，转而通过发展绿色经济来寻求发展模式的转型。①

（二）中国引发西方对资本主义的生态反思

澳大利亚学者罗宾·艾克斯利（Robyn Eckersley）在《绿色国家：重思民主与主权》一书中认为，中国的国家观念契合了生态文明建设的政治要求，正在成为"绿色国家"的典范。罗宾·艾克斯利批判了自由主义理论中的两大问题：要么将国家视为无所作为的政治行为体，要么将国家视为生态破坏的政治"主谋"或"共犯"，这两种对政府的偏见限制了其本应承担的角色，导致了政府在环境治理领域的不断后退。民主政府根本无力抗衡各种企业资本集团的影响，这是西方生态文明陷入困境的制度原因。从中国生态文明的实践来看，政府是应对环境难题的最主要的政治主体，政府在生态立法、环境规制、基础设施投资、引导生活方式等方面扮演了重要的角色。西方应该从中国经验中得到启发，将环境关切与国家理论联系起来，对西方的政治经济制度进行必要的改革。②

美国学者特雷弗·豪瑟（Trevor Hauser）认为，生态环保领域迫切需要政府积极主动的作为，但是民主制政府已经处于"政治衰败"的

---

① 侯东民. 解读西方在污染中国 [N]. 经济观察报，2007-12-23.
② 艾克斯利. 绿色国家：重思民主与主权 [M]. 郇庆治，译. 济南：山东大学出版社，2012：57.

边缘，根本无力抗衡各种企业资本集团的影响。西方的生态治理模式已经难以为继。生态环保领域迫切需要政府积极主动的作为，非政府组织的治理模式已经被证明是失败的——它们根本无力抗衡各种企业资本集团的影响。这种区别凸显了西方在生态立法上的困境：软弱的民主制政府受制于各种强有力的企业利益集团，比如美国的石油产业、传统汽车行业、能源公司、工会以及大众传媒等，这些产业成为环保立法的主要反对者。在美国学者特雷弗·豪瑟看来，世界正在走向一个"碳约束的未来"，美国松弛和不确定的环境政策正在造成自身的竞争劣势。①

迈克尔·波特指出，西方的自由企业更倾向于通过与政府的长期博弈（包括法律和游说等）来搁置环境保护的责任和相关投入，他们完全不顾及社会、他人的福利，更不愿意对国家和世界的未来承担责任。这些极其短视的企业一心只想在最短的时间内，为它们的股东和经理人谋取最大的利润，不惜损害人类整体赖以生存的生态环境。私有制企业这种对私有利润的一味追求，继续成为社会和环境的"不负责任者"。②

美国生态学家罗伊·莫里森（Roy Morrison）指出，21世纪世界面临的根本挑战是在改善生态的同时，继续追求经济增长。企业更应自觉肩负起环境治理的责任。由于环境对污染具有一定的消化能力，又由于环境的公共性，污染企业往往心存侥幸，相互之间开展"囚徒困境博弈"或"智猪博弈"，使得公共资源被过度利用，环境状况越来越糟。这里的关键在于如何实现企业自身利益与社会整体利益的协调，实现环境治理与经济增长的平衡。从中国绿色发展的历史与实践来看，中国已经展现出了明显的制度优势。随着全球生态的恶化，西方的有识之士开

---

① 豪瑟，布拉德利，等. 碳博弈：国际竞争力与美国气候政策 [M]. 北京：经济科学出版社，2009：11.

② PORTER M E, KRAMER M R. Strategy and Society: The Link Between Competitive Advantage and Corporate Social Responsibility [J]. Harvard Business Review, 2006, 84 (12)：78-91.

始认识到个人主义消费观的种种问题。①

美国学者布鲁斯·派塞斯（Bruce Piasecki）指出，"我们生活在一个以消费为乐的时代，这里存在一种巨大的推力迫使你迷失在物质的海洋之中。"他所说的推力主要来自全力推动大众消费的企业、媒体和广告公司的合谋，这些资本主义制度下的强势集团将刺激民众的消费需求作为首要的目标，以此获得不可告人的高额利润。中国的消费观将会逐渐扭转当今世界的奢侈消费倾向。西方需要在个人的态度和行为方面培育自我节制的美德、同情社会和自然的公民道德，而不是助长对极端需求的贪欲。这意味着企业将得到合作国家更多的尊敬、欢迎和投资机会，布鲁斯·派塞斯形象地将中国企业因为绿色实践所获得的这种好感称为"社会反应资本"。②

（三）中国为发展中国家提供新的发展方案

荷兰学者阿瑟·P. J. 莫尔（Arthur P. J. Mol）指出，中国在"十三五"期间将绿色发展作为国家发展的指导理念之一，即使在本土市场之外，中国企业投入绿色发展的努力也是出众的。因为他们的责任机制，他们能够承担更多的全球责任。中国现代经济社会的绿色环保之路并不是完全符合西方关于生态现代化的观点的，但它可能取得比西方更高的绿色发展成就。③ 阿瑟·摩尔（A-Ahur Mol）认为，中国的环境管治体制正在出现一些新的特征：环境国家能力的强化、从环境规制向环境管治的转变、环境政策一体化程度的提高和公民社会作用的不断增

---

① MORRISON R，CAPLAN A. Eco Civilization 2140：A 22nd Century History and Survivor's Journal [M]. Writer's Publishing Cooperative，Inc.，2006：3.

② 派塞斯. 节俭的力量：让节俭成为一种时尚 [M]. 赵俊婷，译. 北京：人民邮电出版社，2013：5，124.

③ 莫尔. 转型期中国的环境与现代化：生态现代化的前沿 [M] //周艳辉. 增长的迷思：海外学者论中国经济发展. 北京：中央编译出版社，2011：182.

强。由于转型中的中国已与大多数欧美发达国家之间存在更多的实质相似性而不是差异性，"中国的环境改革可以称为生态现代化的一个变体或另一种风格"，并因而正在成为"生态现代化的前沿"。①

世界卫生组织专家认为，中国相比印度在生态文明方面表现出更好的潜力，并就北京和新德里的雾霾治理进行了比较。强调北京严格的交通限行、污染企业外迁、减少煤电使用、建立重污染预警系统等措施为治理雾霾带来了良好效果；而新德里的空气污染虽很严重，但难以采取有效措施。这说明中国的政治结构更有利于在环境问题上采取多地区的联动治理，中国将通过绿色发展实现经济增长和环境治理的协同，从而为中国带来长远的利益。②

马科斯·保尔（Marcus Power）和吉尔斯·莫汉（Giles Mohan）等人评估了中国在非投资行为方面的环境影响，指出中国企业被证明是"更负责任的"企业，中国作为社会主义国家，与西方的"环境殖民主义"有着本质的不同。③ 曾在非洲多个国家担任大使的美国外交家大卫·希恩（David Shinn），对肯尼亚、坦桑尼亚、毛里塔尼亚、苏丹等国的中国企业投资行为进行考察后指出，中国企业负责任的环保行为，不仅赢得了非洲国家的支持，也为中国的经济发展提供了亟需的资源，这是中国更受欢迎的重要原因。④

① MOL A P J. Environment and Modernity in Transitional China：Frontiers of Ecological Modernization ［J］. Development and Change, 2006, 37（1）：29-56.

② 任重. 世卫组织：印度应以中国为榜样 对空气污染宣战［EB/OL］. 环球网, 2018-05-03.

③ POWER M, MOHAN G, TAN-MULLINS M. The Environmental Implications of China's Rise in Africa［M］//POWER M, MOHAN G, TAN-MULLINS M. China's Resource Diplomacy in Africa. London：Palgrave Macmillan, 2012：191-220.

④ 派塞斯. 节俭的力量：让节俭成为一种时尚［M］. 赵俊婷, 译. 北京：人民邮电出版社, 2013：124.

（四）中国在全球环境治理中承担责任，推动人类命运共同体建设

中国正在进行的生态文明建设，将是影响成千上万中国人命运的决策，也是影响世界未来走向的决策。中国对现代化的建设应该加入生态文明的内容，因为人类今天所处的境况是生态危机的脚步在一步步逼近。农业的工业化表达了现代人对自然的疏远，它对社会的推动方向恰恰与生态文明的方向相反。中国应该抓住直接进入生态文明这一千载难逢的伟大历史机遇。

斯图尔特·L. 哈特（Stuart L. Hart）指出，中国通过服务全球普通民众，为绿色产业发展开辟了更广阔的市场空间。中国将通过在全球范围内拓展绿色市场空间，实现可持续性的增长模式。市场中服务普通民众而非上层阶级，进一步扩大了绿色产业的市场空间。很多西方学者注意到，中国的国有企业凭借其负责任的环保行为赢得了广大发展中国家政府和民众的认可。中国的这种更加友善、更加负责的全球化战略将为中国的绿色产业提供更为广阔的市场，中国正在将绿色产业瞄准处于全球经济金字塔底层的 40 亿人口所组成的庞大市场，这与西方瞄准社会上层精英的产业模式全然不同。①

七、海外中国生态文明研究的评价与启示

当前，我国正迈入生态文明新时代。生态文明建设作为中国特色社会主义事业的重要内容，关系人民福祉，关乎民族未来。习近平总书记提出，要"坚持中国特色社会主义道路自信、理论自信、制度自信、文化自信"②。海外学者这些研究的明显特点在于，他们正在打破对中

① 哈特. 十字路口的资本主义 [M]. 北京：中国人民大学出版社，2012：112.
② 习近平. 在庆祝中国共产党成立 95 周年大会上的讲话 [EB/OL]. 人民网，2021-04-16.

国政治制度意识形态化的批评，从问题出发重新认识中国政治制度的优势。早期的西方学者一般以抽象的自由、民主价值观来对中国特色社会主义制度进行任意评价，西方学者对中国经济发展中的环境代价的讨论，直接影响了中国商品在国际上的形象，再加上国际贸易中对"碳约束"的不断强调，中国商品的竞争力受到直接的损害，商品出口降低对中国这个高度依赖于对外贸易的国家无疑是一个重大的挑战。新一代的学者已经认识到能否解决国家面临的现实问题才是评价一套政治制度优劣性的首要标准。生态危机和资源短缺正在成为包括西方在内的所有国家和地区都要面对的普遍性难题。

　　一是坚定中国生态文明建设的制度自信。随着中国生态文明建设不断取得进步，国外学者正在突破对中国环境问题的刻板印象，他们勇于突破成见和偏见，实事求是地审视中国环境治理方面的成就。不仅如此，越来越多的学者对中国生态文明的前景满怀希望，中国正在成为全球生态文明建设的引领者。这些研究体现了国外学者突破"西方中心主义"的努力，在他们看来，能否解决生态问题成为评价政治制度优劣性的重要标准，中国制度显然有着明显的优势。正是因为这些学者的努力，中国在世界的形象正在迎来一个大的历史性转变：中国作为负责任的、可持续发展的"绿色国家"的形象正在逐渐建立起来，世界正在从一个全新的角度来审视中国的生态文明。我们要从国际比较的视角出发，坚定中国特色社会主义生态文明的道路自信。中国特色社会主义相比西方资本主义的制度优越性得到了充分的体现。海外学者的研究，有助于我们坚定中国绿色发展的道路自信。

　　二是以改革创新的精神推动生态文明建设。国外学者在认识到中国生态文明建设成就的同时，也客观地指出中国还面临着诸多的问题和挑战，比如地方政府是否能够在生态保护和经济增长之间取得平衡，小规模污染性企业的关闭是否会影响当地的社会就业，以及中国人民如何实现更为健康的生活方式。这些都是中国在绿色发展中必须直面的挑战，中国应该坚持改革创新，深化生态文明体制改革，把生态文明制度的"四梁八柱"建立起来，在克服问题的过程中推动国家的绿色发展。"四梁"是指优化国土开发、促进资源节约、保护生态环境、健全生态制度四大任务，"八柱"是指逐步建立自然资源资产产权制度、国土开发保护制度、空间规划体系、资源总量管理和节约制度、资源有偿使用和补偿制度、生态环境治理制度、环境治理与生态保护市场体系、生态文明绩效考核和责任追究八大制度体系。生态文明"四梁八柱"制度体系的建立，将标志着生态文明制度更加成熟。

三是中国需要重视经验实证的研究方法，深化中国绿色发展的理论研究。国外学者对中国生态文明的研究，不仅突破各种"西方中心主义"观念，而且形成了一系列的研究方法创新。有学者指出，在中华民族漫长的发展历程中，已经形成一些朴素的生态文明观，以全面、整体和联系的观点来看待人与自然的关系是中华文明的重要智慧；有学者指出，中国国有企业在绿色创新领域的投资水平高于非公有制企业，国有企业正在成为中国绿色发展的引领者，这体现了社会主义市场经济的比较优势；还有学者通过对比中国森林覆盖率的数据变化，证明政府战略对于生态改善的促进作用，这种重视经验和数据的研究方法具有很强的说服力。总体来看，国外学者对中国生态文明建设的研究，非常注重方法论的创新和综合，历史视角、案例研究、比较研究、量化研究等都有所体现。中国学者在加强海外中国学研究的同时，要学习科学的方法论，建设融通中外的中国生态文明话语体系。

四是加强中外学界和政界的互动交流，建构融通中外的学术话语体系。我们可以通过主动对外展示信心与决心、举措与成效，向外界提供更多的客观信息。还可以通过开展国际合作研究，弥补各自语言的局限，实现思维方式的互补。这既有助于国外学者客观全面地了解中国的环境治理现状，也有利于中国学者更好地了解其他国家的环境治理状况以及国外学者对中国环境问题的关注点，更好地避免片面的研究和肤浅的结论。对外展示决心和信心，有助于增强环境治理的动力。面对严峻的环境治理形势，中共中央表现出坚定的治理决心，既激发了国内人民对环境治理的信心，也使美国学者对中国的环境治理充满期待。通过向国际社会展示中国环境治理的决心与信心、举措与成效，可以更好地推动国内环境治理，更好地开展国际对话，回应国际社会的不实指责。另一方面要积极向国际社会介绍中国的环境治理举措及成效。

五是直面全球生态环境的问题，为世界提供绿色发展的中国方案。西方学者关于中国绿色发展的制度优势的研究，无疑提供了重要的思路，那就是从人类所面临的普遍性的难题出发，去阐释中国特色社会主义的优势，而不是继续在抽象的层次上同西方进行盲目的辩论。这些普遍性难题包括生态恶化、资源短缺、战争频仍、种族冲突等一系列问题。在这些方面，中国已经取得了可以媲美甚至超越西方的巨大进步，我们有充分的自信以问题为出发点来阐释中国特色社会主义的道路、理论与制度自信。在全球环境治理中，我们要坚决主张共同但有区别的责任原则、公平原则、各自能力原则，在责任分担问题上考虑污染物的累积排放与人均排放因素，与国际社会一起确保人类命运共同体的可持续发展。近年来，中国已成为国际环境治理中越来越活跃的重要力量，要从全球视野出发，为全球环境治理提供中国方案。

六是加强中国的对外传播能力建设，批判西方对中国环境治理的偏见。部分国外学者对中国环境问题的认识带有片面性，只见到中国环境方面存在的问题，没有见到中国应对环境问题的对策和成就，对中国环境治理的成效视而不见，对问题却刻意夸大或渲染。尤其是"中国环境威胁论"给中国形象带来的负面影响，这种说法反映了西方的霸权主义话语，他们的结论经不起推敲，论证过程存在诸多纰漏，带有许多夸大和歪曲的成分，其目的是抹黑中国，压制中国的发展。我们应以事实为依据对有关中国环境政策的偏见进行澄清与批驳，通过转变中国国内发展模式、调整中国环境外交政策，积极塑造中国在全球环境治理中"负责任"的大国形象。

第八章

实现共同富裕是社会主义的本质要求

——海外学者对中国民生建设的研究

全心全意为人民服务一直是我们党坚持的根本宗旨。习近平主席指出，"人民对美好生活的向往，就是我们的奋斗目标"，① 这体现了中国共产党为人民服务的价值追求。中华人民共和国建立后，我们党坚持全心全意为人民服务的根本宗旨，最根本的就是要带领人民走共同富裕的道路。我们追求的发展是造福人民的发展，我们追求的富裕是全体人民共同富裕。中国经济发展的"蛋糕"在不断做大，社会分配领域的改革不断推进。党的十八届五中全会明确提出坚持以人民为中心的发展思想、坚持共享的发展理念，充分体现了中国共产党对人民利益的坚持和自身宗旨的坚守。

一、中国社会民生建设的历程

全面建成小康社会，表明中国的发展方向是通过人民生活水平全面提高、文化软实力持续增强、资源节约型和环境友好型社会建设稳步推

① 中共中央文献研究室编：《十八大以来重要文献选编（上）》，中央文献出版社，2014：69.

进等具体举措来实现可持续发展。共享发展意味着中国人民将享受更好的生活，这是社会主义本质的要求。中国的共享发展是实现社会主义正义的要求，这有利于社会秩序的和谐与稳定。共享发展注重的是解决社会公平正义问题。这方面的问题解决好了，全体人民推动国家发展的积极性、主动性、创造性就能充分调动起来，国家发展也就有了最深厚的力量源泉。为此，党的十八届五中全会强调，共享是中国特色社会主义的本质要求，必须坚持发展为了人民、发展依靠人民、发展成果由人民共享，作出更有效的制度安排，使全体人民在共建共享发展中有更多获得感，增强发展动力，增进人民团结，朝着共同富裕的方向稳步前进。

新中国成立后到改革开放之前这段时期，中国在医疗卫生工作方面有许多独创性的伟大实践。其中，开展爱国卫生运动，防治血吸虫病等传染病，建立农村合作医疗制度及赤脚医生队伍等，都是毛泽东亲自推动的。根据世卫组织的统计数据，中国平均预期寿命从1960年的43.5岁上升到1978年的66.5岁，这便是农村地区医疗保障系统实现根本性改善的结果。尤其是20世纪60年代，中国在农村地区实行大规模的"赤脚医生"公共卫生计划，着力控制传染病的传播、降低婴儿的死亡率，提升人民的身体素质，民众的健康水平得到根本性的改善。国家培养了大量的卫生工作者，创立了一个服务于全民的公共卫生系统，中国人民的营养状况和健康状况都得到了大幅度的改善。

改革开放以来，中国不断推进民生建设。贫穷不是社会主义，社会主义最大的优越性就是共同富裕，共同富裕是体现社会主义本质的东西。社会主义的本质，是解放生产力，发展生产力，消灭剥削，消除两极分化，最终达到共同富裕。改革开放以来，中国人民的生活水平持续提高，但居民之间的收入差距也是客观存在的事实。著名经济学家蒂莫西·比尔德森（Timothy Beardson）在《蹒跚的巨人：威胁中国未来的因素》一书中指出，虽然中国的历史成就璀璨，但中国的人口问题是妨碍中国实现富强之梦的最大障碍，中国仍存在着"受滴答作响的人口定时炸弹威胁的领域"①。在实现经济增长的同时，促进社会正义，实现共享发展，对于中国的政治和社会稳定至关重要。

中国的小康社会是着眼于发展中国特色社会主义事业"五位一体"的全面小康，它不仅包括地域上的全面，还包括社会群体的全面，全面建成小康社会的目标显然是综合性的，既包括经济方面、物质文明方面，更包括文化方面、精神方面和社会价值意义层面。美国林肯研究院前院长格里高利·英格拉姆（Gregovy Ingram）指出，五年计划之外，还有社会公平，工作环境，获取服务的能力问题，城市和环境问题。中国的共享发展有着更丰富的内涵，不仅仅是经济层面的贡献。以往人们对小康的理解主要是经济物质上的，而现在中国人同时渴求公平、法治和廉洁等。某些问题可能并不能在国内生产总值中表现出来，它们对人民的福利极其重要。

二、中国政府在共享发展中的角色

中国共产党代表全国人民的利益，是中国共享发展的政治保证。现在有许多中国人已成为中等收入群体。但这只是第一步。人们不再贫困或者饥饿，但这并不意味着一切已经结束了。人民的生活质量可以得到进一步的提升，极大地提升。所以下一步，人们不仅有的吃，而且他们需要吃得更好。他们需要更好的教育、更高的生活质量，包括更加清洁的空气、更加干净的水、更好的住房条件、更好的受教育条件。

---

① 谭宝信. 蹒跚的巨人：威胁中国未来的因素［J］. 对外传播，2014（2）：64.

（一）中国政府将民生责任作为考核内容，引导各级政府做好扶贫工作

新加坡南洋理工大学南洋公共管理研究生院高级研究员马亮认为，如果能够据此善加设计和切实执行，将为实现党的第一个百年奋斗目标，即在 2020 年全面建成小康社会提供充足的源动力。规划建议谋划了中国未来发展的主要领域和关键方向，但具体规划的目标设置至关重要，并决定了规划建议的高瞻远瞩和良苦用心能否得到真正落实。中国政府将民生责任作为绩效内容，确保民生改革的责任落到实处。中国正在进一步改革政府绩效的考核办法，引导各级政府将社会民生问题作为重要的工作目标。此外，中国政府还在执行和贯彻落实五年规划的各项目标任务，并做好持续监测和跟进督查工作。①

瑞士学者李熙德在《中国全面建成小康社会的成功之路》一文中指出，中国共产党着眼长远的决策模式在全面建成小康社会中起到重要的作用。中国的经验充分证明："拥有强有力的执政党是件好事"。中国共产党注重人民的根本利益和长远利益，并为此设定了长远的目标，关注长期回报和回馈社会。不仅如此，中央政府还督促各级地方政府完成目标，根据他们的表现和目标完成程度对他们进行考核，并对官员进行奖励和提拔。相比之下，西方的盎格鲁-撒克逊政治模式仅仅关注短期利益，这种决策模式仅仅关注股东的短期利益和选民的短期好处，不利于经济和社会的长期发展。这是西方衰败的重要政治原因。②

---

① 马亮."十三五"规划建议目标设置宜科学论证有章可循 [N]. 人民日报海外版，2015-11-18.

② 李熙德. 中国全面建成小康社会的成功之路 [M] //解读中国工作室. 读懂中国：海外知名学者谈中国新时代. 天津：天津人民出版社，2019：96-97.

（二）中国划转国有资本充实社会保障资金，推动社会保障事业持续发展

哈佛商学院讲师罗伯特·波曾（Robert Bozen）和美国国家投资公司服务协会会长特里萨·哈马克（Theresa Hamacher）在《中国如何增强国企活力》一文中指出，实现共同富裕，是社会主义的本质要求，全社会皆应竭力所向。国有企业全民所有的社会属性，决定了其既要在增强国有经济活力、控制力和影响力中发挥中坚作用，更要在消除城乡差距、区域差距、贫富差距方面发挥基础性作用，以弥补市场化配置的缺陷，架设共同富裕的桥梁。只要中国经济中公有制占主体地位，就可以避免两极分化。中国划转部分国有资本充实社保基金，使全体人民共享国有企业发展的成果。中国在推动国有企业深化改革的同时，通过划转部分国有资本充实社保基金，使全体人民共享国有企业发展成果，增进民生福祉，促进改革和完善基本养老保险制度，实现代际公平，增强制度的可持续性。①

（三）中国政府改革税收制度，充分发挥税收政策的调节作用

中国政府优化财政支出结构，继续保持和加大民生投入的力度，特别是要加强对贫困地区转移支付，提高这些地区的公共服务共建能力和共享水平。与此同时，中国政府持续加大税收政策的调节力度，减轻中等收入者负担，提高最高收入者的税率水平。日本学者何中清在《奇迹：发展背后的中国经验》一书中写道，中国政府为了进一步缩小收入差距，实现共同富裕的目标，在居民收入和所得方面进行再分配，"强大纳税，对发展落后的人施以援手。"政府在税收制度方面的改革，以及与此相关的转移支付措施，赢得了社会的理解和支持，这是中国实

---

① 波曾，哈马克. 中国如何增强国企活力？[N]. 金融时报，2014-01-07.

现共同富裕的又一保障。①

（四）中国政府推动西部大开发战略，提高了西部地区民众的生活水平

中国共产党非常重视区域间的协调发展，通过"西部大开发"、东西部扶贫协作工作等一系列战略举措，带动了西部边远地区的发展，尤其是少数民族的生活得到了根本性的改善，这对于整个国家的统一与和谐有着重大的意义。在此过程中，西部省份不断加快经济社会发展步伐，各级干部以优良作风带领人民群众艰苦奋斗，取得了非常高的发展成就。德国学者赫尔穆特·彼得斯（Helmut Peters）表达了他对公正、和谐社会的认识，"在这一社会中，一切社会力量都在合法的利益均衡基础上达成全国协调一致，都竭尽全力为'中华民族伟大复兴'而奋斗。"②

中国在推动区域协调发展方面，取得了比印度更好的成就。英国经济学家安格斯·麦迪森（Angus Moddison）在《中国经济的长期表现：公元960—2030年》一书中指出，超大的领土规模和人口基数，对于任何国家都是重要的挑战。中国拥有广阔的领土面积和超大的人口规模，这种规模本身就对共享发展构成了重大的挑战。他在书中比较了巴西、墨西哥等中小规模国家与中国、印度等超大规模国家的内部地区差距，前者的地区间收入差距明显低于后者。中国已经采取多样化的政策措施来缓解地区差距，并且取得了比印度更好的成就，按照国际标准来衡量，中国地区间的收入差距已经明显缩小，中国解决地区间收入差距取

---

① 和中清. 奇迹：发展背后的中国经验 [M]. 何蓓蕾，译. 北京：东方出版社，2019：221.

② 彼得斯. 中国政治：在追求原有目标进程中的战略转变 [M] //王新颖. 奇迹的建构：海外学者论中国模式. 北京：中央编译出版社，2011：207.

得了重大的成功。①

联合国全球契约组织副主席司徒慕德在《中国对世界减贫事业的历史性贡献》一文中指出，中国在提高居民收入和减贫方面取得历史性的成就，其中，"中国迈出的重要步伐之一就是平衡地区差异和人口差异……中国是唯一良好地管理了大量人口流动，从而避免产生贫民窟的国家。"在司徒慕德看来，中国减贫的成就来源于两个大的因素：贸易和基础设施。中国国内的扶贫工作是通过基础设施完成的，实现将边远地区和东部地区联系起来的目标，促进国内大市场的形成。当前中国正在推动"一带一路"的建设，其目的是将更多国家和市场联系起来，这需要机场、港口、铁路和公路等一系列基础设施的建设。中国经验已经被非洲和拉美国家所重视，成为全球可持续发展的典范。②

三、中国共享发展的经济制度优势

（一）中国坚持公有制的主体地位，为共享发展提供了根本的制度保障

美国欧柏林学院中国研究教授柏瑞琪（Mac Blecher）在《不平等的平等》一文中指出，基于生产资料公有制所产生的共产主义社会，其典型特征就是利益共享。马克思、恩格斯认为社会主义的公共利益超过了历史上的一切形式和内涵的公共利益。共产主义社会中普遍存在的相互自由和共享发展的公共的社会关系，其基础是利益的关系，利益共

---

① 麦迪森. 中国经济的长期表现：公元 960—2030 年［M］. 伍晓鹰，马德斌，译. 上海：上海人民出版社，2016：111.
② 司徒慕德. 中国对世界减贫事业的历史性贡献［M］//解读中国工作室. 读懂中国：海外知名学者谈中国新时代. 天津：天津人民出版社，2019：98-99.

享是共产主义共享的基本内容。中国的社会主义市场经济实际上最大程度上抑制了不平等的加剧，包括国有银行、土地集体所有等都是共享发展的重要制度保障，"现在的问题不是放松管制，而是各种规章制度仍有待完善"。政府要加强对私有企业的监管，为它们划定必要的界限，防止不受约束的资本加剧社会的分化程度。①

此外，中国始终重视对金融领域的监管，避免金融资本的掠夺后果。美国纽约大学教授李淯在《美国能向中国学什么》一书中指出，西方贫富分化的重要原因在于证券资本市场的过分繁荣，对冲基金等商业模式成为掠夺财富的手段。在中国，中国共产党汲取了西方和东南亚国家的教训，对银行和资本市场等有着严格的控制。中国政府绝不允许金融资本肆无忌惮地破坏国家，更不允许它们对穷人的伤害。"中国共产党……决定不能让这种不稳定因素破坏人民辛勤劳动积累起来的财富。"事实上，中国对待金融化的方式在于将热钱和快钱转化为耐心资本，以支持实体经济领域中的直接投资。②

（二）中国坚持农村土地集体所有制，为农民提供基本的保障

在整个世界，私有化尤其是土地的私有化，是提高资本回报率最极端的抽取方式，这造成了高度的不平等。在中国，土地仍然坚持集体所有的基本经济制度，这是对中国农民的重要保护。德维恩·本杰明（Dwayne Benjamin）等人在《中国经济转型中的收入不平等》一文中指出，我们必须高度重视中国既有的社会安全网络在提供收入保障从而限制不平等过程中所起的作用，"在农村，主要的保障措施就是土地平均

---

① 柏瑞琪. 不平等中的平等——皮凯蒂《21世纪资本论》如何适用于中国［M］// 杨莉，唐磊，崔易，等. 观中国：《国际中国研究动态》精选集. 北京：中国社会科学出版社，2016：212.

② 李淯. 美国能向中国学什么［M］. 章晓英，译. 北京：红旗出版社，2012：133.

分配机制，使得'耕者有其田'。"尽管中国农民通过耕种土地不足以让他们变得富裕，但土地至少为他们提供了基本的生活保障，避免了农民的彻底无产化。不仅如此，中国还在深化土地制度的改革，鼓励农民更加高效地利用土地资源。乔治·豪尔（George Hall）和 GLORAD 国际研发管理研究中心主任马克斯·冯·泽德维茨（Max von Zedtwitz）在《从中国制造到中国创造:》①事实上，正是因为有土地收入作为后勤保障，中国农民才有了进城务工的主动性，并拥有了应对经济波动的独特能力。

（三）中国着力推动经济的转型和升级，实现中国经济的持续发展

瑞士洛桑国际管理发展学院教授乔治·豪尔（George Hall）在《从中国制造到中国创造：中国如何成为全球创新者》一书中指出，中国虽然号称"世界工厂"，可是制造业规模上的辉煌难掩品质上的瑕疵。中国经济要实现高速增长向高质量发展转变，制造业必须实现中国制造向中国创造转变、中国速度向中国质量转变、中国产品向中国品牌转变。从提升中等收入角度来看，创新有一种收益外溢效应，利用好这种创新外溢，有利于让低收入人群搭上创新的便车，提升他们的收入。②西班牙马德里康普斯顿大学教授张莹莹持有相同的观点，中国需要摆脱"成本领先"的时代，走向真正的"技术领先"的时代，大量的技术密

---

① 该书是勃兰特·罗斯基主编，德维恩·本杰明《中国经济转型中的收入不平等》是该书收录的一篇文章，引用修改添加：德维恩·本杰明. 中国经济转型中的收入不平等. 摘自勃兰特·罗斯基：伟大的中国的经济转型［M］. 方颖，赵扬，等译. 上海：格致出版社，2009：625.

② 乔治·豪尔，马克斯·冯·泽德维茨（Max von Zedtwitz）. 从中国制造到中国创造：中国如何成为全球创新者［M］. 许佳，译. 北京：中信出版社，2017：3-4.

集型产业能为中国人民带来更好的收入。①

（四）中国始终坚持公共医疗服务的方向，拒绝市场导向的医疗
体系

斯蒂格利茨（Stiglitz）在《中国的问题在于市场太多、政府太少》
一文中指出，中国的医疗卫生改革必须坚持政府主导的公共卫生方向，
"不应该追求更加市场导向的医疗体系"。斯蒂格利茨指出，西方资本
主义国家在医疗卫生服务上有着明显的区别，"美国的私营医疗体系是
昂贵和低效的……花的钱多得多，效果却差得多②。"中国应该坚持政
府主导的公共医疗体系，坚持基本医疗卫生事业公益性，提升基层医疗
服务水平。在此基础上，政府可以适度引导私人力量进入医疗卫生领
域，增加医疗卫生资源供给数量，同时加强对医疗服务行为的监管力
度。以公共卫生体系为主，辅以少量比例的私营医疗服务，这是中国医
疗卫生改革的方向，为民众提供了更好的医疗保障条件。

四、中国共享发展的人力资源优势

（一）中国人民具有艰苦奋斗的精神，这是中国取得伟大成就的
重要基石

实现国家的贡献发展，关键在于人民愿意付出劳动，追求自己的梦
想。英国《金融时报》副主编及首席经济评论员马丁·沃尔夫（Marin
Wolf）在《中国开启新的改革时代》一文中指出，中国有着数量庞大

---

① 张莹莹，周禹. 中国创新模式 ［M］. 漆思媛，译. 北京：中国人民大学出版社，
2018：39.

② 高小明主编：为什么是中国：诺贝尔经济学大师眼中的中国与中国经济，贵阳：贵
州人民出版社，2017：151-152。

且素质优良的人力资源，并且中国政府拥有将其动员起来的强大组织能力。尽管中国人民在历史上曾经一度贫穷，但谁都无法否认，"中国人拥有勤劳、勤俭等特质"。改革开放以来，中国向世界开放经济贸易之后，中国人民的生产积极性被充分发挥出来了。中国发展的经验充分证明，人民是一切发展的最根本的依靠力量。有这样勤劳的人民，中国的共享发展就有了重要的依托。① 这种奋斗精神深深地影响着中国人民的行为处事，每个人都为了自己的人生幸福而努力奋斗，中国才会越来越好。何中清指出："中国发展的原因是'我也要'实现富裕的强烈愿望和能量。只要努力，'我也能做到'这种想法成为强有力的能量。"② 中国人民的艰苦奋斗成就了自身的幸福生活，也成就了国家的复兴梦想。

（二）中国政府重视教育事业的发展，有效提高人力资源的质量

安格斯·麦迪森（Angus Moddison）指出，中国政府下大力气改善地区和城乡间的收入差距，政府进一步增大对公共交通和基础设施的投资，"提高低收入地区的受教育机会，取消地区之间的迁移限制"，这对于落后地区的经济发展和民生建设至关重要。③ 美国斯坦福大学教育学院的游丽莎和珍妮弗·亚当斯（Jennifer Adams）在《中国季刊》撰文指出，中国政府不断提高农村地区的教师质量，招募大学生担当农村教师，这些农村教师更有可能培养出优秀的学生。中国政府致力于提高农村地区的教学质量，这是国家缩小城乡教育差距努力的一个重要组成

---

① 沃尔夫. 中国开启新的改革时代［M］//解读中国工作室. 读懂中国：海外知名学者谈中国新时代. 天津：天津人民出版社，2019：116.

② 和中清. 奇迹：发展背后的中国经验［M］. 何蓓蕾，译. 北京：东方出版社，2019：221.

③ 麦迪森. 中国经济的长期表现：公元960—2030年［M］. 伍晓鹰，马德斌，译. 上海：上海人民出版社，2016：111.

部分。①

中国医疗卫生体系的建设，对于提升劳动者素质起到重要作用。诺贝尔经济学奖获得者、美国哈佛大学教授阿玛蒂亚·森（Amgrtya Sen）认为，劳动力素质的提高对于经济发展十分重要，学校和医院的普及，使得教育和医疗不仅成为人们的福利，也可以通过提升劳动力的素质，进一步促进经济发展。中国就是最典型的案例。改革开放以后，中国的经济体制开始积极转型，同时，教育事业也迅速发展，特别是基础教育上的进步，使得每个人都提升了文化素质，大大推动了经济发展。医疗保障体系在经济发展过程中也发挥着重要作用，随着中国医疗保障体系的逐步完善，中国社会的预期寿命等各项指标都大幅度提升，中国经济的巨大成功离不开这些方面的工作。"印度的经济发展在过去之所以不像中国那么突出，很重要的原因就是医疗保障体系的发展落后于中国。"②

（三）中国文化强调勤俭节约的习惯，这有利于增加储蓄和积聚资本

在海外学者看来，中国文化强调勤俭节约的习惯，这有利于增加储蓄。不仅如此，这样形成的储蓄更多是投资在生产性业务上，更具体地说，是投资于现代工业，而不是花费在非经济的支出，比如满足个人需要的奢侈消费。从国家层面来看，中国积累农业生产的剩余用于工业化建设，这种着眼长远的消费模式构成了中国经济增长和民生改善的重要原因。中国人民的艰苦奋斗精神，成就了美好幸福的生活。在日本学者和中清看来，中国人的奋斗精神，是几千年来刻在华夏儿女血脉中的优

---

① YIU L, ADAMS J. Reforming Rural Education in China: Understanding Teacher Expectations for Rural Youth [J]. The China Quarterly, 2013 (216): 993-1017.

② 范思立. 全球不平等是世界最严峻挑战 [N]. 中国经济时报, 2017-03-19.

秀品质。正是因为这种自强不息的奋斗精神，中国才能一步步奋勇向前，直至居于世界前列，中国人民的生活才能越来越好，最终实现全面建成小康社会的目标。

（四）中国民众的团结和互助精神，同样是中国共享发展的文化基因

中华民族之所以能够不断在磨难中成长、从磨难中奋起，就在于有党和人民的坚强团结，有同舟共济、万众一心的民族文化基因。在和中清看来，中国人互相之间的配合互助精神，实在是中国社会最具人情味的表现，共同富裕中的"共同"二字意味着一起前行，互相帮助；共同富裕社会也是分享型社会，需要人们"共同分享精神和物质财富"。人与人的关系，在中华文化中以"仁"为共同准则。"仁"者"二人"，必须你心中有我，我心中有你，互相交心，才算是关系良好。在中国抗击疫情的斗争中，争分夺秒的救治，爱心涌动的互助，感天动地的奉献，进一步展现出中国人民万众一心、和衷共济的伟大精神。①

五、中国共享发展的世界意义

新时代中国共享发展理念的提出，以及中国在共享发展领域的丰富实践，意味着全面建成小康社会的目标一定能够如期实现。海外学者普遍对这一美好前景充满信心，不仅如此，他们还非常关注中国实现共享发展、全面建设小康社会的世界意义。这不仅为占世界 1/5 的人口提供了更好的生活水准，而且为世界上其他国家提供了发展的新模式。无论是西方国家，还是发展中国家都从中国共享发展的理念与实践中受到启

---

① 和中清. 奇迹：发展背后的中国经验 [M]. 何蓓蕾，译. 北京：东方出版社，2019：221.

发，中国广阔的市场空间和负责任的外交政策则为全球的可持续发展提供了重要的助力。

（一）中国全面建成小康社会，是对人类社会发展的重大贡献

英国学者罗思义指出，中国人口占世界的1/5，中国人民的富裕是对世界的重大贡献。"全面建成小康社会，按照世界银行的标准，这意味着中国接近甚至会迈进高收入经济体行列。这不仅会让中国人民的生活水平大幅度提高，还会给世界带来更多机遇，影响世界发展进程。因此，对于那些关心中国利益或人类利益抑或二者兼有的人士来说，实现第一个'全面'可能是今天最好的消息。中国人口超过美国、欧盟和日本人口的总和，中国全面建成小康社会，意味着世界上生活在高收入经济体的人口将翻一番[1]。所以，中国全面建成小康社会不仅对于实现中国梦具有重大意义，而且是向实现"人类梦"迈出的至关重要的一步。

中国实现全面建成小康社会，彰显社会主义的制度优越性。美国欧柏林学院柏瑞琪（Mac Blecher）在《不平等中的平等》一文中指出，全球在经济发展方面取得成就的同时，国家内部和不同国家的收入差距也在加大。基本上所有地区和国家，都有比较明显的收入不平等问题。在全球贫富分化不断加剧的背景下，中国通过其特有的政治和经济制度，已经在抑制经济不均衡和贫富分化方面做出了巨大的努力。是否以共同富裕为根本目标，这是区分社会主义与资本主义发展道路的分界线。中国共产党将共享发展理念作为社会主义的本质要求提出来，继承和体现了共同富裕这一社会主义原则，充分印证了社会主义的生命力和优越性。柏瑞琪同意法国学者皮凯蒂的观点，中国政府必须坚持国家相

---

① 外国学者如何看"四个全面"战略布局?，人民日报，2015-4-12.

对资本的力量优势，更好地抵制资本回报率的诱惑和压力，中国将比西方更好地控制不平等问题。这是中国特色社会主义制度优越性的重要体现。①

（二）中国全面建成小康社会，引发西方对自由资本主义的反思

中国全面建成小康社会的努力，引发了西方对自由民主体制的反思。法国经济学家托马斯·皮凯蒂（Thomas Piketty）撰写的《21世纪的资本》在全世界引起广泛关注。该书用跨越300年包括美、英、法在内的20多个国家的统计数据表明，新自由主义主导全球经济改革的40年间，世界贫富差距正在严重恶化，而且会继续恶化下去。美国经济学家安格斯·迪顿指出，新自由主义改革以来美国社会的贫富差距急剧拉大。美国的经济增长使得富人更富，穷人并未从经济增长中获利，美国的收入不平等现象在发达国家中最严重，特朗普时代的大规模减税计划倾向于保护富人财产，这将使不平等状况变得更糟。美国最顶端的1%人群所占有的社会财富持续增加，占总人口90%的大众所拥有的财富和收入水平在过去40年里总体呈下降趋势，占劳动力80%的生产和非管理岗位工人时薪明显下降，很多新增就业岗位提供的工资难以维持生计，且缺乏基本的医疗保障。美国社会不平等的情况已经非常严重，经济发展成果被集中于少数人手中，阻碍了美国经济和社会的进步，甚至有可能产生毁灭性后果。②

---

① 柏瑞琪. 不平等中的平等——皮凯蒂《21世纪资本论》如何适用于中国［M］//杨莉，唐磊，崔易，等. 观中国：《国际中国研究动态》精选集. 北京：中国社会科学出版社，2016：210-214.

② 迪顿. 逃离不平等：健康、财富与不平等的起源［M］. 崔传刚，译. 北京：中信出版社，2014：136.

（三）中国全面建成小康社会，为发展中国家提供社会发展的方案

加州柏克莱大学教授高隶民指出，中国实现全面建成小康社会，这为广大发展中国家提供了新的经验。"中国的这些发展经验，尤其是全面建成小康社会的理念值得其他很多发展中国家借鉴和学习。"① 秘鲁前总统亚历杭德罗·托莱多（Alejandro Toledo）指出，我们需要经济增长来实现更好的收入分配，以消除贫困、不平等和排斥。那么，我们应该怎么使中国和拉美远离贫困呢？消除贫困、不平等、排斥和歧视，最有效的途径就是建立一个分享型的社会，人人和平共处，没有重大分歧。这就是要投资于人们的智识。这比投资在矿业、金银、铜矿和石油的收益大得多。这就要求我们投资人民的营养和保健，教育质量、教育质量，还是教育质量。这是发展一个国家、一个大陆乃至全世界最好的方式。

（四）中国推动"一带一路"建设，推动全球范围内的共享发展

诺贝尔奖经济学得主、著名经济学家阿马蒂亚·森在《中国在寻求全球正义中的角色》一文中指出，中国倡导和推动"一带一路"的建设，推动了全球人民的共同富裕。"消除其他国家的贫困是中国自身的道德关注和政治关注的一部分"，中国充分考虑到全球公正的要求，努力帮助其他国家摆脱那里的贫困和不公正。中国正在努力承担起国际责任，帮助发展中国家减轻自身的贫困。中国支持非洲国家参与共建"一带一路"，打造符合国情、包容普惠、互利共赢的高质量发展之路，共同走上让人民生活更加美好的幸福之路，实现全球人民的共同富裕。中国倡导和推动的"一带一路"建设，打造开放型合作平台，这个惠

---

① 高隶民. 新时代中国为世界树立发展典范［M］//解读中国工作室. 读懂中国：海外知名学者谈中国新时代. 天津：天津人民出版社，2019：23.

及全球逾六成人口，迄今已获 100 多个国家和国际组织支持和参与的重大倡议秉持共商、共建、共享的原则，已从理念转化为实践，从愿景变为现实，成为迄今中国为世界提供的最重要的公共产品。①

六、海外中国共享发展研究的评价与启示

共享发展是习近平总书记在党的十八届五中全会提出的新发展理念之一，其核心要义为"坚持共享发展，必须坚持发展为了人民、发展依靠人民、发展成果由人民共享"。这是新发展理念的归宿，是今后我国经济发展的出发点和落脚点。共享发展理念具有深刻和丰富的价值指向。总书记提出积极参与全球经济治理和公共产品供给，也是共享发展的延伸。因此，推进共享发展及其对外传播工作，对于坚定中国特色社会主义道路、理论与制度自信、提高制度性话语权具有重大的理论意义与实践价值。

一是重视案例研究的方法，从案例中揭示中国共享发展的经验。案例研究法是实地研究的一种。研究者选择一个或几个场景为对象，系统地收集数据和资料，进行深入的研究，用以探讨某一现象在实际生活环境下的状况。在中国共享发展的话语建构和传播中，要充分重视案例研究的方法，对应该着重探讨的共享发展典型案例进行分析，着眼特定村庄、地域的现实问题和解决思路，"以小见大，管中窥豹"，从小地方着手，积极传播中国共享发展的经验。对共享发展案例的深入剖析，对于建设中国共享发展的话语体系具有重要的建设性意义。

二是中国要加强与外国政府和学者的交流，传达中国共享发展的经

---

① 阿马蒂亚·森. 中国在寻求全球正义中的角色［M］//高小勇. 为什么是中国：诺贝尔经济学大师眼中的中国与中国经济. 贵阳：贵州人民出版社，2017：161-169.

验。海外学者在对中国共享发展的研究中，越来越关注中国共享发展的基本经验，期望从中国经验中获得启发。其中，教育公平是一个经久不衰的话题，随着社会的发展，教育公平引起了国内外越来越多的重视。一方面，中国需要合理借鉴海外中国学家的建议，建立健全外国专家建言献策的工作机制，积极为外国专家朋友参与政府决策、服务中国发展搭建平台、创造条件。另一方面，中国要畅通对外传播机制，切实把中国经验传达出去，消除海外学者对中国的知识盲区，让中国经验和中国制度得到海外学术界的深度认同。

三是直面中国共享发展中的挑战，进一步推进人民的共同富裕。当然，国外学者也认识到实现全面建成小康的社会目标，中国将面临诸多新挑战，比如劳动力成本上升、人口老龄化、资源和环境压力加大等。中国面临着人口老龄化的压力，可能导致"未富先老"的问题。中国是抵制全球资本主义的重要力量，但中国也面临着巨大的内部问题，比如中国的老龄化日益严重，赡养比率迅速上升，"在中国达到中上等收入水平以前，赡养老人将会对非技术工人的工资水平造成巨大压力。"[1]在中国推动创新发展的背景下，那些拥有高科技技能的人才可能会获得更高的收入，而普通工人和农民的收入可能会下降。这种经济转型的过程，不可避免地对中国的收入分配带来了压力。[2] 中国在努力成为世界上最大经济体的同时，还要通过生育改革确保年轻劳动力的持续供给，跨越经济学上的"刘易斯转折点"，确保中国经济行稳致远。

四是量力而行进行对外援助，支持和帮助发展中国家的发展。中国对外援助是马克思国际主义思想中国化的具体体现，是中国共产党初心

---

① 诺兰. 十字路口——疯狂资本主义的终结和人类的未来 [M]. 丁莹，译. 北京：中信出版社，2011：133.
② 勃兰特，罗斯基. 伟大的中国经济转型 [M]. 方颖，赵扬，等译. 上海：格致出版社，2009：630.

使命在人类进步事业中的伟大实践，是中国传统文化天下大同理念的时代诠释。对外援助有助于实践"世界是全人类的世界"的理念，有助于形塑一个"共有""共享"和"共治"的、以合作共赢为核心的新型国际关系格局。新中国成立伊始，毛泽东同志就提出："中国应当对于人类有较大的贡献①。"习近平总书记强调："中国共产党是为中国人民谋幸福的政党，也是为人类进步事业而奋斗的政党②。"中国对外援助已走过 70 多年光辉历程，是中国共产党百年辉煌的重要篇章。特别是党的十八大以来，中国对外援助迎来新气象，展现新作为。"分享"发展成果和"参与"发展过程有机统一，这无疑有利于各国在维护和平中自觉担当，渐次打造人类命运共同体。中国将致力于推进南南合作。中国始终以民生为要旨，紧扣发展中国家定位，坚持南南合作属性，聚焦发展，授人以渔，携手应对全球性挑战，体现大国责任和风范。③

---

① 毛泽东文集 第七卷，北京：人民出版社，1996：157.
② 习近平. 决胜全面建成小康社会夺取新时代中国特色社会主义伟大胜利——在中国共产党第十九次全国代表大会上的报告，北京：人民出版社，2017.
③ 罗照辉. 七十年援外路 五大洲风雨情［N］. 人民日报，2021-07-05.

第九章

中国坚定不移走和平发展的道路

——海外关于中国外交政策的研究

中国坚定不移走和平发展道路，始终做世界和平的建设者、全球发展的贡献者、国际秩序的维护者。欧美左翼学界在对"西方中心主义"国际关系理论进行批判的基础上，认识到中国和平发展的必然性和可行性，肯定了中国对于人类社会可持续发展的贡献。他们从政治协商、经济互利和文化包容三个视角审视了中国和平发展的特点，中国的"大国复兴"与西方的"霸权崛起"有着本质的区别。欧美左翼学者的研究不可能代替真正的中国话语，但对于中国和平发展的话语建构具有多方面的启示。新时代中国要重视大历史的研究视角、中西比较的研究方法、基于经验的实证研究以及跨学科的合作研究，塑造中国和平发展的国际形象。

中国共产党是为中国人民谋幸福的政党，也是为人类进步事业而奋斗的政党。党的十九大报告指出："中国将高举和平、发展、合作、共赢的旗帜，恪守维护世界和平、促进共同发展的外交政策宗旨，坚定不移在和平共处五项原则基础上发展同各国的友好合作，推动建设相互尊重、公平正义、合作共赢的新型国际关系。"中国共产党始终把为人类作出新的更大的贡献作为自己的使命，中国坚定不移走和平发展道路，这是中国人民对实现自身发展目标的自信和自觉，也是中国对国际社会关注中国发展走向的承诺。

欧美左翼学者关于中国和平发展道路的研究，具有重要的理论价值和现实启示。一方面，欧美左翼学者从他者的视域下对中国的外交政策进行考察，"他者视阈勾勒了传统印象中中国国家形象的国际展现"①，研究者通过辨析"自我"与"他者"之间的关联，我们能够考察反思其中认知的偏差，进而协调好自我与他者之间的关系。另一方面，中国坚持和平发展的道路，需要从政治、军事、话语等多个维度进行建构，欧美左翼学者的声音不可能完全代替中国学者的话语，但是他们在研究中所表达的学术观点、逻辑思维和研究方法，对于从学理上深化中国和平发展道路研究，改善中国对外话语具有重要的启示意义。

一、中华传统文明的和平属性

事实上，越来越多的海外学者深化中国的文明传统，认识和把握中国和平发展的历史必然性。比如英国学者彼得·诺兰的《认识中国：从丝绸之路到〈共产党宣言〉》、美国学者孔诰烽的《中国为何不会统治世界》等，还有许多国际关系著作都有大量的篇幅来讨论中国的外交政策及其发展走向，比如英国地缘政治学家詹姆斯·费尔格里夫的《地理与世界霸权》等著作。在这些学者看来，中华文明具有明显的和平属性，无论是古代中国的政治体系，还是影响深远的传统文化，都含有和平发展的因素，对于判断当代中国的发展走向有着重大的启示。

中国领导人具有贤能政治的特点。卡内基国际和平基金会资深研究员迈克尔·D. 斯温（Michael D. Swaine）在《外交学者》杂志撰文指

---

① 吴飞，林心婕. 近十年中国国家形象研究的发展与趋势——基于 Citespace 和 VOS-viewer 的可视化分析 [J]. 当代传播，2020（5）：4-9.

出，大多数中国人更看重一个强大的、统一的和重视民族利益的中央政府，并由那些把人民利益放在心上的"有德"之人来领导。无论是从历史还是现实来看，中国的领导人多是温文尔雅的读书人，他们是通过一层层的考试和考核提拔上来的，这与某些国家的军政府政权有着本质的区别。中国历史上的统治阶层的精英不是靠作战英勇封官，而是靠熟谙儒家经典和精通书墨升官，当代中国的领导人有着相似的特质。中国是由那些把人民利益放在心上的"有德之人"来领导，这些"有德之人"与军事领袖截然不同，他们直接影响了中国的外交政策取向，"这是理解中国未来的国家行为"的关键。① 中国从不讳言自己是一个大国，但它也从不居高临下，总是对周边的国家给予充分的尊重，并在经济关系中追求互惠共利，这与西方国家的掠夺有着本质的区别。

英国地缘政治学家詹姆斯·费尔格里夫在《地理与世界霸权》一书中同样指出，中国作为一个超大型的国家，解决内部问题的压力和挑战始终是中国政府面临的头等大事。在内部问题尚未解决的情况下，中国难以形成对外威胁的可能性。这里的关键在于，中国内部实在过于复杂，解决国内问题永远排在政府议程的优先位置。中国的战略思维是典型的防御型而非进攻型思维。在很多学者看来，中国作为一个不同于西方民族国家的文明体系，维持其自身内部的统一和稳定从来就是首要的议程。中国的凝聚力依靠一个强有力的中央政府，其首要的任务是维护国家的政治统一，而非进行对外征服，中国根本不可能成为一个西方意义上的霸权国，对内的政治整合，对"大一统"的维护永远置于国家议程的优先地位。②

---

① SWAINE M D. China: The Influence of History: How does History Influence Chinese Thought and Behavior Today? [EB/OL]. The Diplomat Website, 2015-01-14.

② 费尔格里夫. 地理与世界霸权 [M]. 胡坚，译. 杭州：浙江人民出版社，2016：204-221.

　　基辛格从文化特质上表达了相似的观点,中国在对待他国的态度和行为上,已经体现出尊重和理解的外交态度。还有国外学者认识到,中国的外交政策与西方有着本质的不同。中国认为一个真正的大国应该"有义务和责任依照互利共惠的方式来引导和影响小国……相互尊敬、敬重和责任感是理想的外交行为中的重要组成部分",中国绝不会像西方某些国家倚强凌弱的处世方式,中国将给予周边国家充分的尊重和理解。中国的对外宣传工作更侧重于让世界了解中国,而非输出自身的文化价值观。对于中国来说,没有可供移民的所谓新大陆,天涯海角也没有人等待被救赎——这与西方文化构成了明显的反差。从理论上讲,中国文化和价值观或许可以惠及周边邻国,并为其他国家带来更多的启示和帮助,"然而漂洋过海迫使异族人皈依中国文化,对中国人没有荣耀可言……这个独特的帝国声称它的文化和体制适合于四海,却不屑于去改变异族的宗教信仰。"①

　　中国悠久的政治传统为理解当代中国的外交走向提供了启示。海外学者试图从中国悠久的历史传统中,来理解当代中国的外交政策。越来越多的学者指出,用"复兴"而非"崛起"来描述中国的发展可能更为适宜,学术界有必要从恰当的视角来看待所谓的中国的和平发展……中国是在追求自身的复兴,因为它在历史上很长的时间里都是世界上最大的经济体。在中国历史上的绝大多数时期,中国都是一个和平、文明的国家。中国在历史上的绝大部分时间里都居于世界的领先地位,但和平一直是中国与外部世界关系的主旋律,中国的文化传统深刻地影响了中国的处世之道。当代中国高举和平、发展、合作、共赢旗帜,坚定不移维护国家主权、安全、发展利益,坚定不移地维护世界和平、促进共

---

　　① 基辛格. 论中国 [M]. 胡利平,林华,杨韵琴,等译. 北京:中信出版社,2012:87—88.

同发展。

随着中国的和平发展，中国不仅改变着国际力量的对比，也动摇了西方主导的国际关系理论格局。包括英国剑桥大学教授彼得·诺兰、美国卡内基国际和平基金会高级研究员迈克尔·D.斯温、夏威夷大学哲学系教授安乐哲、贝淡宁在内的部分中左翼学者，对中国的和平发展道路持有积极肯定的态度。在这些学者看来，中国的发展和历史上西方国家的崛起有着本质的区别，中国提供了不同于西方的对外交往模式，中国在国际政治中的平等协商，在国际经济中的互利合作，在国际文化上的交流互鉴，都提供了一种不同于西方经验的国际交往范式，对于世界的和平与发展具有重要的意义。①

二、坚持和平共处的国家外交原则

如何处理中国与外部世界的关系，始终是中国国家领导人最为关心的问题。新中国建立以来，数代中国领导人为此夙兴夜寐，从理论和实践上进行探索，形成了有关中国和平发展的理论成果，努力推动人类命运共同体的建设。坚持和平发展的道路是中国的长远利益、根本利益所在，"中国威胁论"是对中国发展方式的误判和偏见。中国将高举和平、发展、合作、共赢的旗帜，恪守维护世界和平、促进共同发展的外交政策和宗旨，坚定不移地在和平共处五项原则基础上发展同各国的友好合作，推动建设相互尊重、公平正义、合作共赢的新型国际关系。海外学者试图从中国历史传统和制度实践中，来理解当代中国的外交政策。中国是一个爱好和平的国家，与西方意义上的"霸权"有着根本

---

① Acharya A , Buzan B . Why is there no Non-Western International Relations Theory? Ten Years on [J]. International Relations of the Asia-Pacific, 2017, 17 (3): 341-370.

性的差异，中国的伟大复兴将促进世界的和平与稳定。

（一）中国的政治体制更有利于中国的和平发展

中国作为与众不同的"文明型国家"，对国家的政治整合始终是中国的首要任务。中国作为有着广阔领土面积和人口规模的大国，我们切不要以为中国维持两千多年的统一是理所当然的，这种统一的背后是中国的人种、文化、语言以及独具特色的政治制度，维持国家内部的统一和稳定始终是中国最重要的政治任务。马丁·雅克指出，中国是一个文明型国家而非一个一般意义上的民族国家，整合超大的领域和人口始终是中国的首要议程，这对于理解中国的发展方向极为重要。①

保罗·肯尼迪（Paul Kennedy）曾经指出，在美国资本主义的模式下，美国的军工复合体对其外交产生过大的影响力，美国的将军们"更喜欢得到近期的而不是长远的安全手段"，这使得美国的外交战略更具危险性。② 中国的政治制度与美国的政治制度有着很大区别，坚持党对军队的领导构成中国政治的重要特点之一。中国的政治体制坚持党管军队的原则，这与美国的军工复合体有着本质的区别。坚持外交大权在党中央，加强中国特色大国外交理论建设，全面贯彻党中央外交大政方针和战略部署。中国领导人对军队有着严格的控制。军事工业集团很难在中国获得同西方一样的地位。在今天的中国，中国的领导人依旧不是武力的信奉者，军队和军工集团在中国的影响力远不如他们的西方同僚那么强大。中国政府对军队有着足够的控制力，能够避免军队带来的威胁性。从政治比较的视角来看，党对军队的有效领导更有利于中国的

---

① JACQUES M. When China Rules the World: The End of the Western World and the Birth of a New Global Order [M]. 2nd ed. London: Penguin Press, 2012: 18.
② 肯尼迪. 大国的兴衰（下）[M]. 王保存，王章辉，余昌楷，译. 北京：中信出版社，2013: 198.

和平属性。①

（二）中国总体上坚持防御性的外交政策

有学者指出，中国一贯维护国际法治以及公平和正义，坚持走和平发展道路。新加坡国立大学李光耀公共政策学院德里克·亨姆（Derek Hemm）在《空谈还是策略性话语？——中国对南海政策的话语分析》一文中指出，中国坚定致力于维护南海和平稳定，致力于同直接有关的当事国在尊重历史事实的基础上，根据国际法，通过谈判协商和平解决有关争议。坚持通过对话协商、以和平手段解决国际争端和热点难点问题，反对动辄使用武力或以武力相威胁。中国日益发展的海军力量反映了中国保护自身主权与贸易安全的决心，与此同时，中国始终强调以合作、对话和共同繁荣的方式解决问题。总体来讲，中国维护南海主权的要求仍是一种"防御性的要求"，中国并不具有挑战美国霸权地位的目标。②

中国在主权问题上体现的是防御性思维，这与西方对外征服的进攻性思维迥异。近代以来中国遭受西方的殖民主义侵略，对国家主权的维护成为中国最核心的目标之一，中国坚决反抗任何的外来侵略，但绝不会主动挑起伤害他国的战争，这两者之间有着明确的界限。迈克尔·D.斯温强调，中国的战略思维属于典型的防御式思维，而非进攻型思维，它首先关注的是防止台湾"独立"和捍卫中国主权，并非想成为"下一个霸主"，这两者有着根本性的区别。对于某些国家的战略围堵，中

① SWAINE M D. China's Assertive Behavior Part Four: The Role of the Military in Foreign Crises [J]. China Leadership Monitor, 2012 (37): 1-17.

② HUM D. Empty Talk or Strategic Words? Illuminating China's Approach to the South China Sea Through Its Speeches [J]. Asian Journal of Public Affairs, 2019, 11 (2): 1-7.

国会做出一定的军事反应，但其背后的思维更多的是防御型而非进攻型思维。①

德里克·亨姆指出，中国日益发展的海军力量反映了中国保护自身主权与贸易安全的决心，与此同时，中国始终强调以合作、对话和共同繁荣的方式解决问题。中国维护南海主权的要求仍是一种"防御性的要求"，中国并不具有追求世界霸权的终极目标。中国政府坚持奉行防御性的国防政策，永远不称霸，永远不搞扩张，永远做维护世界和平的坚定力量。中国战略思维属于典型防御式，并很大程度上属于反应型。它首先关注的是防止台湾"独立"和捍卫中国领土，并非想成为"亚洲下一个霸主"。②

（三）中国注重以政治协商的手段来解决争议性问题

法国国际问题专家皮卡尔认为，中国当然面临着与外部世界的争议，但是中国并不信任以暴力解决问题的方式，这与某些西方大国的外交政策截然不同。"虽然经济的发展一定会引起和别国的利益冲突，甚至引发战争。但是中国并不回避冲突，而是努力用和平的方式去化解冲突。"中国坚持用妥协合作的方式营造双赢的局面。考虑到西方主导的国际关系现实"依旧建立在冲突理念基础上"，中国提出和平发展、和谐世界，以及"人类命运共同体"的主张，具有重要的世界意义。这意味着中国将竭尽所能"改变冲突思路"，与国际社会一道建设和平包容的世界。中国提倡多边主义、互利合作、包容精神和共同安全，这有助于创建一个和平且有良好秩序的人类命运共同体。③

---

① SWAINE M D. China：The Influence of History：How does History Influence Chinese thought and Behavior Today？［EB/OL］. The Diplomat Website，2015-01-14.

② HUM D. Empty Talk or Strategic Words？Illuminating China's Approach to the South China Sea Through Its Speeches［J］. Asian Journal of Public Affairs，2019，11（2）：1-7.

③ 梁怡. 国外马克思主义中国化研究评析［M］. 北京：学习出版社，2014：438.

（四）中国积极参与国际组织的建设和发展

中国的开放发展还将深度影响世界政治经济的既有格局，中国将在国际组织的转型或重建中发挥更重要的作用。瑞典著名经济学家克拉斯·埃克隆德（Claes Eklund）指出，随着中国的开放性发展，世界政治经济的重心将转向亚洲，这肯定会影响现存的联合国、经济合作与发展组织、国际货币基金组织和世界银行等领导机构的组成。一方面，中国在这些国际组织中的话语权将得到持续的提升，另一方面，一些更加适合全球治理的新型国际组织还将建立起来。无论如何，以美国的意图和利益来界定国际组织功能的时代将会过去，中国作为一个"新的领导性国家"，将引领全球治理的新时代。[①] 南非沃尔特·西苏鲁大学研究员埃里克·曼贡伊（Eric Mangoni）特别关注"一带一路"以及深化改革扩大开放等议题，认为这将定义未来中国与世界、中国与非洲的关系。

中国在与发展中国家的关系上，更注重经济手段与尊重，这是中国赢得影响力的重要方式。中国绝不会像西方某些国家倚强凌弱的处世方式一样，中国会尊重小国的尊严，给予它们充分的尊重，并在经济发展上让出一定的优惠，这与西方国家的"掠夺"有着本质的区别。不仅如此，中国对创新发展理念的重视，有利于避免资源竞争带来的紧张和冲突。美国学者保罗·罗默（Paul Romer）早在20世纪末就指出，中国崛起的背景与西方国家有着明显的差异，在早期工业化时期，资源是经济增长的主要因素，西方国家为了其经济利益采取了武力攫取国外资源的经济安全政策。中国"广泛地参加多边机制，包括军控和不扩散机制"，有助于它走和平发展道路。

[①] 埃克隆德. 当中国统治世界的时候 [M] //赫德森，等. 中国未来三十年：重塑梦想与现实之维. 北京：中央编译出版社，2013：56.

三、坚持互利合作的对外经济关系

海外学者研究中国和平发展道路的第二个视角是经济外交的视角。中华人民共和国成立以来，中国在自力更生的基础上取得了经济发展的巨大成就，建设了比较完整的现代工业和经济体系。改革开放以来，中国加强了与外部世界的联系，互利合作成为中国经济外交的主要特点。在此过程中，中国实现了自身的发展，也带动了世界的繁荣。中国的发展离不开世界，世界的繁荣也需要中国。当然，面对世界各国对更公平、更可持续的经济增长的要求，中国提出"一带一路"倡议，积极推动经济体系的调整与变革，加深世界各国的相互依赖，反映了全球政治经济发展的现实要求。中国始终坚持互利共赢的开放战略，推动共建"一带一路"高质量发展，维护完善多边贸易体制，推动贸易和投资自由化便利化，推动构建面向全球的高标准自由贸易区网络，支持广大发展中国家提高自主发展能力，推动解决全球发展失衡、数字鸿沟等问题，推动建设开放型世界经济。

（一）中国通过自力更生实现自身发展，这与西方式的掠夺截然不同

中国发展依靠中国人民的艰苦奋斗，这与西方通过掠夺建立霸权有着本质区别。与西方国家历史崛起的经验完全不同，中国并没有通过"掠夺"的方式来追求自身的繁荣。美国印第安纳大学终身教授文一在其著作《伟大的中国工业革命》一书中直陈，中国经济增长的经验在于人民的艰苦奋斗，而非对外的剥削和掠夺，这与西方的崛起有着本质的区别。中国人民具有吃苦耐劳的精神，并且愿意为了长远的发展而进

行积累和投资，日积跬步，乃至千里，才取得了今天这样的成就。① 现在，中国决心进一步提升自身科研创新能力，依靠自身的科技力量迈向更高的台阶。始终依靠自我奋斗构成中国经济发展的重要经验。

中国的社会主义政治制度与西方的资本主义民主制度有着本质的区别，二者的对外关系模式截然不同。新中国成立以来，中国人民始终坚持和平发展的道路，提出了"和平共处"五项原则，与世界各国友好相处，积极促进世界的和平和稳定。新时代中国提出了共建"一带一路"和"人类命运共同体"的倡议，积极推动世界各国的共同发展，这些都反映了中国作为负责任大国的形象。中国绝不会走西方国家"国强必霸"的老路，绝不会以牺牲别国的利益为代价来谋求自身的发展，任何以西方经验和理论来比附中国外交政策的观点显然是不正确的。

美国耶鲁大学教授芮乐伟·韩森（Valerie Hansen）在《开放的帝国：1600 年前的中国历史》一书中指出，那些认为传统中国封闭、保守的观点是错误的，根据近些年来的考古发现和研究成果，我们可以断言中国在多数时候都是一个开放的国家，"比附中国外交政策"有着悠久的历史，传统中国是高度开放和生机勃勃的，有着蔚为大观的对外贸易，这是中国近代以前居于世界领先地位的关键。② 加拿大英属哥伦比亚大学教授卜正民（Timothy Brook）和美国斯坦福大学教授陆威仪（Mark Edward Lewis）持有相似的观点，唐朝时候的中国简直是一个"世界性的帝国"，中国不仅与东亚、阿拉伯、波斯乃至西方有着频繁的贸易往来，而且中国文化对外国人及他们多种多样的生活方式有着充

---

① 文一. 伟大的中国工业革命："发展政治经济学"一般原理批判纲要 ［M］. 北京：清华大学出版社，2016：145-152.

② 韩森. 开放的帝国：1600 年前的中国历史 ［M］. 梁侃，邹劲风，译. 南京：江苏人民出版社，2007：390.

分的包容性，这是大唐帝国保持活力的关键因素，也是今日中国实现繁荣的历史基因。①

（二）当代中国提出互利合作的交往方式，创新国际合作的模式

中国与其他国家坚持互利合作的理念，更有利于中国与世界的可持续发展。与资本主义大国的对外掠夺的殖民主义历史不同，中国走出了一条和平发展、互利共赢的道路，中国主动将自己融入世界市场当中，中国坚持用互利合作的方式营造彼此双赢的局面。中国通过"一带一路"的建设，既解决了自身产能过剩的问题，也为发展中国家提供了一流的基础设施。

美国经济学家迈克尔 P. 托达罗（Michael P. Todaro）和斯蒂芬 C. 史密斯（Stephen C. Smith）指出，西方跨国公司迫切需要在全球范围内找到产业转移的对象国，以降低企业的生产成本。中国拥有数量极其广大的劳动力，并且这些劳动力拥有极高的素质和技能，此外还有 14 亿多人口的庞大消费市场。这些都对西方跨国公司构成了巨大的吸引，"在中国建厂的生产商越多，在这里作业的数量递增的供应商所带来的利益就越大"。② 西方跨国公司生产部门的转移，为西方公司带来巨大的利润，也给中国带来了巨大的产业机会，解决了中国的劳动力就业，推动了中国的城市化进程。

在英国剑桥大学经济学家彼得·诺兰看来，中国举办进博会，实质上是在与世界共享发展成果，为各国提供了向中国出口商品的机会。进口博览会可以为世界带来可持续发展的新机遇，因为合作可以促进贸易，开启新的机遇，新的科技也将遍布全球，这些都有助于世界经济发

---

① 陆威仪. 世界性的帝国：唐朝［M］. 张晓东，冯世明，译. 北京：中信出版社，2016：147.

② 托达罗，史密斯. 发展经济学［M］. 聂巧平，程晶蓉等译. 北京：机械工业出版社，2014：124.

展，同时也为中国企业提供与其他公司交流和做生意的机会。中国通过举办进口博览会向世界发出信号，必须坚持多边贸易体制，所有国家必须共同合作，不断改革，使多边贸易体制成为一个更好的体制。中国这种互惠互利的合作模式，与西方的对外掠夺有着根本的差异。在"一带一路"倡议的推动下，中国通过资金、技术支持，帮助非洲和拉美等地区的沿线国家加快发展。在安哥拉、莫桑比克等国家，很多中国企业和员工参与当地建设，帮助改善了当地贫困落后的状况。①

英国学者杰米·穆赫兰（Jamie Mmulholland）认为，中国积极参与非洲的基础设施建设，推动非洲农业和粮食安全、支持非洲健康和医疗卫生发展等。中国的减贫模式对于非洲来说是非常有效的。以前，非洲同中国一样是农耕社会，在传统行业以外，基础设施和就业机会非常有限。作为全球基础设施建设方面的领导者，中国正积极帮助非洲建设铁路、港口、能源项目、高速公路、轻轨等基础设施，这些基础设施的建设一方面充分发挥了非洲的资源优势，另一方面把当地社区同国内其他地区和全球市场连接起来，提供了更多的就业岗位，提高了社会流动性，增加了教育机会，对非洲减贫起到了积极作用。② 多纳塔·弗雷舍里（Donata Fleischer）等人通过收集中非贸易结构、中国对非投资结构、中国在非洲政府治理和社会转型方面的作为及其影响三类数据，论证了中非合作是一种相互尊重、互利共赢的模式，非洲本土力量正在主导非洲经济与社会的发展，中国帮助非洲走上"去殖民化"的独立自主的发展道路。③

---

① 诺兰. 认识中国：从丝绸之路到《共产党宣言》［M］. 温威，译. 北京：中信出版社，2017：172.

② 穆赫兰. 英国学者：中国方案助力非洲减贫［N］. 环球时报，2017-11-07.

③ JIAN J, FRASHERI D. Neo - colonialism or De - colonialism? China's Economic Engagement in Africa and the Implications for World Order［J］. African Journal of Political Science and International Relations, 2014, 8（7）：185-201.

（三）中国对发展中国家提供必要的援助，支持发展中国家的建设

中国提供优惠的对外援助，推动了全球贫困国家的和平与发展。西蒙·赖克（Simon Reich）和理查德·内德·勒博（Richard Ned Lebow）在《告别霸权：全球体系中的权力与影响力》一书中拿出专门的一节讨论中国的对外援助。21世纪以来，中国逐渐从一个受援国转变为援助国，中国对外援助的数额和规模大幅增长，种类也日益繁多，包括补助计划、零利息贷款、青年志愿者项目和技术援助等。"中国援助与贷款的巨大热潮在拉丁美洲、亚洲和非洲的许多国家受到欢迎，为中国赢得了善意。"与西方的对外援助不同，中国的海外发展援助没有附加条件，利率低于世界银行提供的贷款，不以政治项目（例如民主促进）和武器出口的方式进行，"与美国相比，中国的对外援助旨在促进各种非军事的目标"，这为发展中国家提供了更多的发展机遇，并维护了当地的和平与稳定。①

这一宏大的项目有望促进中国边境省份的经济发展，提升中国的全球影响力。英国雷丁大学政治与国际关系学者杰米·穆赫兰认为，中国的"一带一路"倡议可以说是有史以来由某个国家单独发起的最大的海外投资项目。"就中国国内而言，这一宏大的项目有望促进中国边境省份的经济发展，提升中国的全球影响力，提升在国际舞台的形象和地位。"就国外而言，"一带一路"倡议能够促进经济发展和减贫经验的分享，促进非洲国家基础设施现代化，从而打破贫困循环，减少贫困人口依赖援助脱贫。②

---

① 赖克，勒博. 告别霸权：全球体系中的权力与影响力 [M]. 陈锴，译. 上海：上海人民出版社，2017：120.
② 穆赫兰. 英国学者：中国方案助力非洲减贫 [N]. 环球时报，2017-11-07.

（四）中国提出新的发展理念，带动发展中国家的产业升级

中国提出绿色发展的理念，有助于缓解资源竞争引发的国际矛盾。马修斯（Matthews）指出，海外对中国崛起的恐惧，很大一部分与中国发展带来的全球资源、环境压力有关，有人担心中国的崛起将导致全球生态的急剧恶化，并加深中国与周边国家围绕资源问题的竞争和冲突。中国提出包括绿色发展和创新发展在内的五大理念，这意味着中国寻找到新的增长方式，不再过度依赖于资源的消耗，这有利于超越以资源掠夺为核心的崛起模式，有助于缓解资源竞争引发的国际政治压力。中国将提高资源、环境与社会经济发展的匹配性，为全球生态安全作出新的贡献，世界应该理性认识中国通过绿色发展维护世界和平的决心。① 当代中国提出和推动创新发展的理念，为世界带来新的曙光和希望。

在过去的几十年中，中国与拉美国家建立了良好的贸易关系，这是中拉关系稳步发展的基础。随着中国在发展战略上更加重视创新、绿色技术、服务业和基础设施建设，拉丁美洲有望深化与中国的合作关系，在服务业和基础设施等领域开辟更多的增长空间。拉丁美洲新闻网站"全球美洲"发表文章指出，中国特色社会主义的"新时代"意味着中国日益走近世界舞台的中央，开始成为全球领导者，这是一个历史性的改变。就拉丁美洲而言，随着经济联系的加强，中国在该地区的影响力一直在提升，并转化成一种强大的"经济软实力"，越来越多的拉美国家搭上中国发展的"便车"，通过与中国的合作提升了自身的经济实力和科技实力。②

---

① 中国绿色技术造福全世界发展中国家 [EB/OL]. 凤凰网，2016-08-21.

② CHING V C, ALBERTONI N. What China's "new era" means for Latin America [EB/OL]. Global Americans Website，2017-10-24.

四、坚持包容开放的文化交往模式

海外学者研究中国和平发展道路的第三个视角是文化交往的视角。中国文化与西方文化有着很大的不同，中国并不寻求通过文化殖民主义来扩张自己的影响力，也不主张将自身的发展模式强制输出到其他国家。中国文化素来倡导兼容并包，致力于推动世界文化的多元化发展，推动世界文明的交流互鉴，并不寻求对特定意识形态的颠覆，这些都体现了中国文化的和平特质，有利于世界的和平与稳定。中国需要进一步完善其外交话语，为世界提供一个更加美好和包容的愿景，这将是中华文明对世界的巨大贡献。

（一）中国文化是注重内省的文化，缺乏对外扩张的心理动机

在海外学者看来，中国文化总体上是一种自省的文化，缺乏对外扩张的精神动力。这种自省的文化，其生存哲学塑造了中国和平发展的倾向。中国传统文化非常注重个体的内在自觉和道德意识，追求自我的人格完善，内向型文化构造了中国的政治心理特征。西方有人认为中国的和平外交仅仅是发展阶段的政策选择，等到中国真正强大了，中国外交将更具有攻击性。这种认知缺乏对中国文化的理解，中国的思维模式从不相信一劳永逸的终极方案，"苟日新，日日新，又日新"，无论是人生修养还是国家发展，都需要不断地向更高的层次迈进，中国人注重内部自省的品格决定了中国很难成为一个外向的征服型国家。"生存哲学"在某种程度上已经演变成为这个民族的基因和血液，"即使生存问题没有了，中国人也没有征服世界的念头，而转向实在的生活……中国本质上是一个缺少对外冲动的国家。"① 西方必须理解中国的哲学，才

---

① 郑永年. 生存 vs 征服：中西方两种哲学及其结果［N］. 联合早报，2018-05-29.

能真正理解中国的和平发展道路。

中国对外传播追求他国对自身的理解，而非强迫其他国家皈依中国文化。中国这些年里加强了文化软实力的建设，并通过孔子学院、大众媒体以及大型国际活动等渠道向世界传播自己的文化。但是，这种文化传播更多地出于改变自身国际形象的初衷，中国试图从西方有关中国的不利话语体系中解放出来——这本质上仍旧是一种防守而非进攻的思维。斯温指出，中国人认为自身作为一个大国（不是霸权），不但要在国际秩序中拥有正当的地位，而且"其观点和立场必须得到尊重"，中国的文化传播在动机和效果上都与美国存在着很大的不同。① 当这种尊重被侵犯时，中国人同样会选择反抗，或者说是保卫自身。

（二）中国文化推崇文明间的交流互鉴，缺少二元对立的思维模式

中国与资本主义既合作又竞争，不愿推翻既有的世界秩序。美国大西洋理事会亚洲项目部主任班宁·加勒特（Benning Garrett）指出："中国不是苏联：它并不寻求传播反美意识形态，也不与全球民主抗争，它不反对资本主义，也不打算推翻国际体系。"中美今后可以"进行广泛合作"。② 中国的发展离不开世界，世界的繁荣也需要中国。面对世界各国对更公平、更可持续的经济增长的要求，中国提出"一带一路"倡议，积极推动经济体系的调整与变革，加深世界各国的相互依赖，反映了全球政治经济发展的现实要求。

亨利·基辛格（Henry Kissinger）指出，中国人的思维方式与美国有着很大的不同，中国虽然追求世界大国的地位和尊严，但它强烈怀疑

① SWAINE M D. China: The Influence of History: How does History Influence Chinese thought and Behavior Today? [EB/OL]. The Diplomat Website, 2015-01-14.
② 加勒特, 魏红霞. 中美伙伴关系的战略机遇? [J]. 美国研究, 2006 (1): 105-112, 5-6.

和反感西方傲慢霸道的处世方式，中国认为一个真正的大国应该有义务和责任依照互利共惠的方式来引导和影响小国相互尊敬。敬重和责任感是理想的外交行为中的重要组成部分。但是，中国绝不会有西方某些国家倚强凌弱的处世方式，中国将给予周边国家充分的尊重和理解。①

（三）中国文化注重对历史经验的总结，避免"国强必霸"的老路

中国深入历史了解大国兴衰的经验，坚定走和平发展道路的决心。迈克尔·D.斯温在其文章《历史的影响：历史如何影响当代中国的思想和行为？》一文中指出，西方学术界对中美"修昔底德陷阱"的悲观预测是没有道理的，他们倾向于将历史视为一再重复的悲剧，而忽视了任何可能的主观能动性。事实上，作为一个善于以史为鉴的国家，中国已经走出了一条和平发展的道路，并在竭尽所能避免重复历史上霸主们所犯过的错误，"历史将影响中国的思想和行为"②。

中国坚定不移地走和平发展道路。国强必霸的逻辑不适用，穷兵黩武的道路走不通。中国是联合国安理会常任理事国中派遣维和人员最多的国家，不久前在马里和南苏丹牺牲的联合国维和人员中就有中国人民的优秀儿子。中国将继续履行好国际义务，始终做世界和平的建设者和维护者。哈佛大学肯尼迪政府学院教授格雷厄姆·艾利森（Graham Allison）认为，中国的政治领导人有很强的历史感，他们会学习大国兴衰的历史，并避免其中的错误和问题。并且，中国政治制度使其领导人可以不受好战、愚蠢的民粹主义情绪的影响，而后者在西方的历史上常常

---

① ［美］亨利·基辛格. 世界秩序［M］. 胡利军，林华，曹爱菊，译. 北京：中信出版社，2015：280.

② SWAINE M D. China：The Influence of History：How does History Influence Chinese thought and Behavior Today？［EB/OL］. The Diplomat Website，2015-01-14.

是一个问题。①

美国前国务卿基辛格指出，中国作为一个一贯重视并善于学习历史经验的国家，它基本不会重蹈大国崛起的覆辙。中国作为一个善于学习的国家，它必将从历史的经验中得到这样一条启示：试图通过武力争夺霸权地位的战略多数情况下都是失败的，即使侥幸成功，也要付出严重的代价，"结局对所有人都是灾难"。中国更有可能选择一条和平发展的道路，尽最大努力避免重复前人的错误，悲剧的历史并不一定会发生。中国已经从世界历史的经验中得到这样一条启示：试图通过武力争夺霸权地位的战略多数情况下都是失败的，"结局对所有人都是灾难，无论是战胜国还是战败国"。中国已经决心要走一条新的道路，"共同进化"应该成为中美关系的标签和方向。②

（四）中华文化有着明显的共同体意识，有利于世界问题的解决

中国文化具有包容开放的性质，中国文化的对外传播为世界提供了文明互鉴的思维。美国夏威夷大学哲学系教授安乐哲（Roger T. Ames）认为，中国传统的儒家思想提倡"和而不同"的包容性，这一特质非常有利于世界的和平与稳定。③中国不仅在自身的发展中实现了兼容并包，而且努力推动世界文明的多元化发展。在2014年召开的国际儒学联合会座谈会上，安乐哲进一步强调，人类在21世纪面临的最大考验就是不同文明之间"如何相互容忍、承认、尊重，达到和平共存"，中国文化具有极大的包容性，它在肯定人类文明差异性的同时，也要求认识和评价各种文明之间的共通性，"和平的儒家思想应该在世界文化的

---

① 艾利森."修昔底德陷阱"是理解中美关系的最佳视角 [M] // 方晋. 查尔斯河畔论中国崛起. 北京：中信出版社，2017：3.

② 基辛格."共同进化"才是中美关系的恰当标签 [N]. 光明日报，2012-11-16.

③ 安乐哲. 和而不同：中西哲学的会通 [M]. 温海明，等译. 北京：北京大学出版社，2009：4-5.

'桌子'上有它自己的声音。"① 当然，中国还需要进一步向世界阐释它的行动路线图，"建构系统的全球化理论以明确其与世界的关系。"②

中国文化具有深刻的共同体意识，更有利于应对和解决世界问题。美国智库席勒研究所研究员布莱恩·兰兹表示，"构建人类命运共同体"是一个更高层级的合作概念，它克服了地缘政治，并以和谐的发展体系代替丛林法则。从某种意义上讲，"一带一路"倡议是构建21世纪世界和平秩序的经济基础。布莱恩表示，推动构建人类命运共同体，"不是倡导某个国家必须遵循统一的价值标准，不是推进一种或少数文明的单方主张，也不是谋求在全球范围内建设统一的行为体，更不是一种制度替代另一种制度、一种文明替代另一种文明，而是主张不同社会制度、不同意识形态、不同历史文明、不同发展水平的国家，在国际活动中目标一致、利益共生、权利共享、责任共担，从而促进人类社会整体发展"。从某种意义上讲，"一带一路"倡议是构建21世纪世界和平秩序的经济基础，是实现"人类未来共同体"的一块基石。③

五、海外中国和平发展道路的研究特点

海外学者对中国和平发展道路的研究和阐释，反映了世界对中国外交政策的总体看法。中国的崛起将会在一定程度上影响国际体系的稳定和安全，当务之急在于通过各种手段将中国纳入既有的规则和体系之

---

① 肖罗. 东方智慧 文化之根——国际儒学联合会座谈会侧记［N］. 中国青年报，2014-10-20.

② WARNER M. On Globalization "with Chinese Characteristics"? ［J］. Asia Pacific Business Review，2017，23（3）：309-316.

③ 兰兹. "构建人类命运共同体"以和谐发展体系为目标 摒弃丛林法则［EB/OL］. 中国新闻网，2019-09-28.

中，以制度来约束和抑制中国的威胁性力量。中国拥有独特的国际战略理念、文化和历史。我们能够看到越来越多的学者已经超越"西方中心主义"的思维范式，他们对中国的和平发展道路报以理解和信任的态度，认识到中国的复兴能够为世界和平与发展带来更多的机遇，能够推动人类命运共同体的形成。但与此同时，我们也要清晰地认识到海外学者对中国的研究还抱有不少的偏见、怀疑和担忧。中国坚持和平发展的道路是一以贯之的原则，但是海外学者对中国和平发展道路却有着截然不同的判断。有学者认为中国称霸是大国崛起的必然结果，有学者认为中国天生是爱好和平的国家，还有学者认为中国很难成为西方意义上的"霸权国"，各种观点彼此争鸣，各抒己见。总体来看，海外学者对中国和平发展道路的认知分歧主要源于以下四个方面。

（一）不同的国家立场影响海外学者的判断

中国作为一个崛起中的大国，在地缘政治和国家利益上与某些国家存在着争议，这些国家普遍担心中国崛起带来的"霸权效应"，比如作为现实霸权国的美国学者，"都是从美国的利益出发，站在美国的立场上来观察中美关系和美国对华战略。他们都希望尽可能长时间地维护美国目前的世界地位。"① 另外，在历史上与中国发生过战争的日本、与中国存在领海争议的菲律宾、存在地缘政治竞争关系的印度，这些国家的不少学者都表达了对中国称霸的担忧。但是，对那些与中国不存在竞争和冲突关系的非洲、南美洲以及部分中亚国家，以及中国周边的巴基斯坦等国，普遍相信中国的复兴将带来一个更加和平和美好的世界。

（二）不同的理论流派影响海外学者的判断

不同学者所根据的国际关系理论学派直接影响了他们对中国发展的

---

① 刘建飞. 美国学者眼中的中国和平崛起［J］. 美国研究，2005（4）：132-141.

判断。进攻性现实主义学派认为国际关系的"无政府状态"必然导致崛起国与霸权国的冲突，中国的崛起将威胁西方乃至全球的利益，这是"中国威胁论"的主要依据；新自由制度主义学派认为中国的崛起将会在一定程度上影响国际体系的稳定和安全，当务之急在于通过各种手段将中国纳入既有的规则和体系之中，以制度来约束和抑制中国的威胁性力量；建构主义则认为中国的行为受到其观念的影响，考虑到中国拥有独特的国际战略理念、文化和历史，中国未来的行为存在一定的"不可知性"。① 显然，不同的理论流派代表着不同的思维导向，对中国外交的判断有所差异。

（三）不同的研究方法影响海外学者的判断

海外学者对中国和平发展道路的认知还受到他们的研究方法的影响，不少学者囿于西方中心主义的各种理论流派，尤其是现实主义国际关系理论的窠臼，"从理论出发"，将中国的崛起视为一种必然的威胁。这样的理论研究脱离了中国外交政策的实践经验，根本难以揭示中国和平发展的经验和特点。但也有学者深入到中国对外关系的现实实践中来，通过分析中国在非洲投资的影响、中国处理国际纠纷的方式、中国的移民政策等，从中认识到中国坚持和平发展道路的意愿、方式和能力。这些学者的研究在一定程度上已经超越了"国强必霸"的理论假说，认识到中国的和平发展构成了"中国特色"大国外交的重要内容。显然，不同的研究方法也影响了海外学者对中国外交政策的判断。

（四）对中国的不同关注点影响海外学者的判断

海外学者对中国和平发展道路的判断，也受到他们研究中国议题时的主要关注点的影响，比如有学者主要关注南海问题、核武器装备、军

---

① 宋婧琳，张华波. 国外学界对中国和平崛起的争论与反思 [J]. 国外理论动态，2018（4）：114-122.

队改革等"硬议题",他们中的多数人都对中国国际战略理念的可信度提出质疑,对未来的中美博弈和区域冲突持有比较消极和悲观的态度。另外有学者主要关注中国外交"软议题",比如中国加入国际组织和协议的情况,中国与他国的贸易往来与相互依存,中国在文化上的包容态度,等等,这些学者普遍认可中国坚持和平发展的决心和能力,在其中的许多人看来,中国已经在坚持和平发展的道路上走了很长一段距离,未来也没有改弦易辙的必要。① 因此,关注重点的差异直接影响了海外学者的判断。

六、中国外交话语建构的方向与启示

中国是一个超大的文明型国家,这是中国的历史优势,但也是中国的问题和挑战,治理这样一个超大的国家从来就不是一件容易的事情。中国有太多的政治、经济和民生问题有待解决,国内议程的重要性和艰巨性,决定了中国不会成为一个西方"外向型"的霸权国家。正如习近平总书记所指出的:"中国人民历经苦难,所以更珍视和平;中国致力于发展,所以更需要和平;中国期待美好未来,所以更爱护和平。"② 中国政治界和学术界的重要工作在于,从理论上丰富中国和平发展道路的研究视角,注重阐释内政与外交的关系,注重从政治、经济和文化等不同维度阐释中国和平发展的历史必然性。

一是从中国大历史的视角,把握中国和平发展和对外开放的特质,坚定中国的文化自信。海外学者对中国开放发展的研究首先从中国大历

---

① MASTRO O S. In the Shadow of the Thucydides Trap: International Relations Theory and the Prospects for Peace and U. S. –China Relations [J]. Journal of Chinese Political Science, 2018, 24: 25–45.

② 习近平. 共倡开放包容 共促和平发展 [N]. 人民日报, 2015–10–23.

史的视角展开，他们试图从中国两千多年的历史中寻找中国作为一个"开放性国家"的历史依据。越来越多的海外学者抛弃了对于中国的保守印象，他们发现中国在历史上的很长一段时期都是一个开放性的国家，保守和封闭在中国历史上只是一个很短暂的时期。社会主义中国的对外开放既是对中华文明开放性特质的继承，又反映了世界社会主义的理想与愿望。中国要实现中华民族伟大复兴，重新作为一个"开放性的世界国家"是历史的必然选择，这是新时代中国开放发展的历史依据。中国在历史上绝大部分时间都是开放的国家，这都意味着中华文明的高度开放性是一种历史的常态，今天的中国所实行的对外开放政策不过是对这一伟大传统的延续。

二是重视比较研究，寻找与世界各国的利益契合点，塑造"人类命运共同体"的愿景。海外学者的研究又在相当程度上影响到本国的对华政策，透过海外中国学界的研究，我们能够更好地感知其他国家的对华态度及其转变，从而为中国的外交政策和外交话语提供针对性的建议和帮助。目前来看，海外学者对中国大多抱有既期待又紧张的心理，在警惕中国崛起的同时也希望从中国的发展中获益。对此，中国应该根据自身能力承担起一定的国际责任，在实践中重视对全球公共物品的供给，包括亚投行、"一带一路"的建设都体现了中国的责任和担当。此外，中国理论界需要超越"西方中心主义"范式，避免用西方现实主义理论来解释中国的外交政策，积极建构中国国际关系话语，为中国的外交实践提供更多的理论支撑。

三是重视合作研究，在全球化跨学科的研究视野中，阐释中国和平发展道路的必然性。海外学者非常重视实证和经验的研究方法，能够引入中美外交政策的比较视角，能够从中国的政治体制、贸易方式、文化价值观等跨学科视角阐释中国和平发展的必然性。这些研究方法反映了西方在社会科学领域的研究特点，明显增强了结论的说服力。中国学者对自身和平发展道路的研究，理应以开放包容的心态，学习和借鉴海外学者的分析框架，以大历史的观念、多样化的视角、跨学科的方法展开研究，从事实上升到理论，进而建构起具有中国特色、符合中国国情的外交话语体系，增强理论的时代性、阐释力与指导意义。在此过程中，中国学者应该加强与海外学者、专家和智库的交流，在交流互鉴中寻求共识，化解分歧。

四是中国将坚持互利共赢的开放战略，推动人类命运共同体的建设。中国将寓中国发展于世界繁荣发展之中。对外开放是中国经济持续繁荣的重要动力，也是中国同世界各国实现合作共赢的根本之道。随着中国不断提高市场开放程度，扩大对外贸易和投资力度，有序推进金融改革开放，积极参与全球经济治理进程，中国对世界贡献的"正能量"还会持续增加。中国打开的大门不会关闭，我们正在努力构建开放型经济新体制，将为推进世界开放型经济体系作出新贡献。

五是加强中国的对外传播建设，对"中国威胁论"进行解构与批判。"批判的武器不能代表武器的批判"，中国对和平发展道路的追求并不意味着软弱和忍耐。相反，只有明确自身的底线，中国才能更好地实现和平发展。中国必须在外交政策的话语中明确自身的核心利益和根本利益，并清晰地表达坚决捍卫核心利益的决心和能力。中国必须要加强军事力量的建设，军队是要准备打仗的，一切工作都必须坚持战斗力标准，向能打仗、打胜仗聚焦。只有立足能打仗，才能不打仗，这是中国历史血的教训，也是国际关系研究的重要启示。中国将坚定不移维护自己的主权、安全、发展利益，任何国家都不要指望我们会吞下损害中国主权、安全、发展利益的苦果。

七、对"中国威胁论"的批判和回应

中国坚定奉行独立自主的和平外交政策，尊重各国人民自主选择发展道路的权利，维护国际公平正义，反对把自己的意志强加于人，反对干涉别国内政，反对以强凌弱。中国积极发展全球伙伴关系，扩大同各国的利益交汇点，推进大国协调和合作，构建总体稳定、均衡发展的大国关系框架，按照亲诚惠容理念和与邻为善、以邻为伴周边外交方针深化同周边国家关系，秉持正确义利观和真实亲诚理念加强同发展中国家的团结合作。"一带一路"倡议是向世界所有国家开放的，这是一种全新的国家间的合作模式。"一带一路"倡议是构建 21 世纪世界和平秩序的经济基础，是实现"人类未来共同体"的一块基石。"中国威胁论"的论调，反映了西方二元对立的"冷战思维"。在欧洲经验的简单历史类比下，有些国家错误地将崛起的中国比作第一次世界大战前的德国，认为中国和平发展靠不住，将中国提出的和平共处五项原则贬低为策略性安排。海外学术界尤其是西方学术界对中国外交政策的认识都受到现实主义国际关系理论的影响。这一产生于西方的国际关系理论认为，整个国际体系处于"无政府状态"，新崛起的大国会迫于国际体系的压力，走上寻求霸权的道路，这将引发守成大国和崛起大国的冲突。在这方面最典型的结论是，布鲁塞尔当代中国研究所研究员乔纳森·霍尔斯拉赫（Jonathan Hollach）等人提出的"中美必有一战"，其核心观点是中国的核心利益与和平发展无法兼得，历史上大国政治的悲剧在东亚无法避免。在西方的历史上，各国是国际政治的关键参与者，没有一个更高的权力高于它们。在这个体系中，没有一个最终的仲裁者或利维坦。国际体系的基本结构迫使关心其安全的国家相互竞争权力。每一个

大国的最终目标都是最大化其在世界上的力量份额，最终主宰整个体系。最强大的国家寻求在其世界范围内建立霸权，同时也确保没有竞争对手的大国主宰另一个领域。①

此外，"中国威胁论"在西方的流传，反映了西方军工复合体的利益。在美国众多利益集团中，军工复合体在军事、经济、政治、社会上的影响力都极为突出，是两党和政府都惹不起的政治存在。"中国威胁论"是一些不希望中国强大的人故意制造出来的论调，他们的目标是混淆视听，为自身发展军事实力寻找借口。尤其是美国的对华政策受到军事工业复合体的深刻影响，军工集团对"中国威胁论"的渲染，为美国军事工业的发展提供了借口和依据。

"中国威胁论"的存在，反映了西方部分人对中华文明的无知。随着中国的和平发展，国际社会对中国外交政策的理性认识越来越多。中国的和平发展道路植根于中国悠久的历史传统。澳大利亚学者罗西塔·德利斯（Rosita Dellios）认为，中国和平发展的外交政策，以及建构人类命运共同体的主张很大程度上源于悠久的儒家价值观，儒家的治理模式已经成为当代世界的第五种治理模式，其他的四种治理模式包括霸权治理、联合国体制、欧洲联盟的模式以及国际化的全球治理。21世纪以来国际社会对中国外交政策和倡议的主张，意味着"儒家价值观已经进入国际社会"。②

中国的"生存哲学"在某种程度上已经演变成为一个民族的"基因"或者"血液"，人们不得不接受这一"命定论"："中国本质上是一个缺少对外冲动的国家。"③ 中国实现民族复兴的手段与西方截然不同，它更为重视经济、文化和外交的手段，而非军事强权和暴力，这已

---

① 成龙. 国外中国模式研究评析 [M]. 北京：人民出版社，2018：310.
② 梁怡主编. 国外马克思主义中国化研究评析 [M]. 北京：学习出版社，2014：438.
③ 郑永年. 中国说自己不称霸，西方为何不信? [N]. 联合早报，2018-05-30.

经在中国的发展经验中得到了充分的体现。

中国共产党始终把为人类作出新的更大的贡献作为自己的使命。世界正处于大发展大变革大调整时期，和平与发展仍然是时代主题。中国将高举和平、发展、合作、共赢的旗帜，恪守维护世界和平、促进共同发展的外交政策宗旨，坚定不移地在和平共处五项原则基础上发展同各国的友好合作，推动建设相互尊重、公平正义、合作共赢的新型国际关系。

中国将同各国人民同心协力，构建人类命运共同体，建设持久和平、普遍安全、共同繁荣、开放包容、清洁美丽的世界。要相互尊重、平等协商，坚决摒弃冷战思维和强权政治，走对话而不对抗、结伴而不结盟的国与国交往新路。要坚持以对话解决争端、以协商化解分歧，统筹应对传统和非传统安全威胁，反对一切形式的恐怖主义。要同舟共济，促进贸易和投资自由化便利化，推动经济全球化朝着更加开放、包容、普惠、平衡、共赢的方向发展。要尊重世界文明多样性，以文明交流超越文明隔阂、文明互鉴超越文明冲突、文明共存超越文明优越。要坚持环境友好，合作应对气候变化，保护好人类赖以生存的地球家园。

参考文献

中文文献：

[1] 郑永年. 中国崛起：重估亚洲价值观［M］. 北京：东方出版社，2015.

[2] 郑永年. 中国模式：经验与挑战［M］. 北京：中信出版社，2016.

[3]［美］迈克尔·赫德森，等著. 中国未来30年：重塑梦想与现实之维［M］. 北京：中央编译出版社，2013.

[4]［美］乔尔·S·米格代尔. 强社会与弱国家［M］. 朱海雷，译. 南京：凤凰出版传媒集团，江苏人民出版社 2009.

[5]［美］王国斌. 转变中国：历史变迁与欧洲经验的局限［M］. 李伯重，等译. 南京：江苏人民出版社，2005.

[6]［美］沈大伟. 中国共产党：收缩与调试［M］. 北京：中央编译出版社，2012.

[7]［美］大卫·哈维. 新帝国主义［M］. 初立忠，沈晓雷，译. 北京：社会科学文献出版社，2009.

[8]［美］孔诰烽. 中国为何不会统治世界［M］. 沈莉，译. 北京：中信出版社，2016.

［9］［美］德怀特·珀金斯.东亚发展：基础与战略［M］.颜超凡，译.北京：中信出版社，2015.

［10］［美］托尼·赛奇.转型的中国与中国的转型［M］//张冠梓.哈佛看中国：政治与历史卷.北京：人民出版社，2009.

［11］［德］康拉德.赛茨.中国：一个世界强国的复兴［M］.许文敏，等译.北京：国际文化出版社，2007.

［12］［挪威］埃里克·S.赖纳特.富国为什么富，贫国为什么穷［M］.杨虎涛，译.北京：中国人民大学出版社，2010.

［13］［美］阿尔蒙德，等.当代比较政治学：世界视野［M］.杨红伟，等译.上海：上海人民出版社，2009.

［14］［英］詹姆斯·费尔格里夫.地理与世界霸权［M］.胡坚，译.杭州：浙江人民出版社，2016.

［15］［美］弗朗西斯·福山.政治秩序的起源：从前人类时代到法国大革命［M］.毛俊杰，译.桂林：广西师范大学出版社，2012.

［16］［印度］阿嘎瓦拉.中国的崛起：威胁还是机遇？［M］.陶治国，等译.太原：山西经济出版社，2004.

［17］［澳］马克林.我看中国：1949年以来中国在西方的形象［M］.张勇先，吴迪，译.北京：中国人民大学出版社，2013.

［18］［德］弗朗克·泽林.中国冲击：看中国如何改变世界［M］.北京：社会科学文献出版社，2013.

［19］［瑞士］乔治·豪尔，马克斯·冯·泽德维茨.从中国制造到中国创造：中国如何成为全球创新者［M］.许佳，译.北京：中信出版社，2017.

［20］［美］巴里·诺顿.中国经济：转型与增长.安佳，译.上海：上海人民出版社，2010.

［21］［美］约翰·奈斯比特，［德］多丽斯·奈斯比特.中国大趋势：新社会的八大支柱［M］.魏平，译.北京：中华工商联合出版社，2009.

［22］［法］托尼·安德烈阿尼.中国融入世界市场是否意味着"中国模式"的必然终结？［M］//王新颖.奇迹的建构：海外学者论中国模式.北京：中央编译出版社，2011.

［23］［美］劳伦·勃兰特，［美］托马斯·罗斯基.伟大的中国经济转型［M］.上海：上海人民出版社，2009.

［24］［美］黄亚生.中印是龙象之争还是龟兔赛跑［M］//方晋.查尔斯河畔论中国崛起.北京：中信出版社，2017.

［25］［美］马克·布莱彻.中国开辟了一条新的社会主义道路［M］.齐欣，等.世界著名政治家、学者论邓小平.上海：上海人民出版社，1999.

［26］［美］郝大维，安乐哲.先贤的民主：杜威、孔子与中国民主之希望［M］.何刚强，译.南京：江苏人民出版社，2004.

［27］［英］安东尼·吉登斯.全球时代的民族国家［M］.郭忠华，译.南京.江苏人民出版社，2012.

［28］［澳］冯兆基.寻求中国民主［M］.刘悦斌，等译.南京：江苏人民出版社，2011.

［29］［美］战略与国际研究中心，彼得森国际经济研究所.美国智库眼中的中国崛起［M］.曹洪洋，译.北京：中国发展出版社，2011.

［30］［意］洛丽塔·纳波利奥尼.中国道路：一位西方学者的中国模式［M］.孙豫宁，译.北京：中信出版社，2013.

［31］［美］肯·沃尔夫.大历史视野［M］.包慧怡，李韵，译.

上海：上海社会科学院出版社，2011.

[32] [美] 菲利普·科特勒. 直面资本主义 [M]. 北京：机械工业出版社，2016.

[33] [英] 保罗·金斯伯格. 民主：危机与新生 [M]. 张力，译. 北京：中国法制出版社，2012.

[34] [美] 德克·博德. 传统中国法律的基本观念 [M]. 刘健，译//张中秋. 中国法律形象的另一面——外国人眼中的中国法. 北京：中国政法大学出版社，2012.

[35] [英] 帕瑞·凯勒. 中国法的渊源 [M]. 桂万先，译//张中秋. 中国法律形象的另一面——外国人眼中的中国法. 北京：中国政法大学出版社，2012.

[36] [美] 艾利森，[美] 布莱克威尔，[美] 温尼. 李光耀论中国与世界 [M]. 蒋宗强，译. 北京：中信出版社，2013.

[37] [美] 戴梅可. 古代中国"帝国"论 [M] // [德] 穆启乐，[德] 闵道安. 构想帝国：古代中国与古罗马比较研究. 上海：复旦大学出版社，2013.

[38] [美] 多纳德·克拉克. 法律在中国经济发展中的作用 [M] // [美] 劳伦·勃兰特，托马斯·罗斯基. 伟大的中国经济转型. 方颖，等译. 上海：上海人民出版社，2010.

[39] [英] 安吉·奥斯汀. 中国能源与电力：国内监管与外交政策 [M] // [美] 乔舒亚·库柏·雷默，等. 中国形象：外国学者眼里的中国. 沈晓雷，等译. 北京：社会科学文献出版社，2008.

[40] [美] 唐纳德·L.巴利特，詹姆斯·B.斯蒂尔. 被出卖的美国梦 [M]. 陈方仁，译. 上海：上海人民出版社，2013.

[41] [美] 乌戈·马太，劳拉·纳德. 西方的掠夺：当法治非法

时［M］.苟海莹，译.北京：社会科学文献出版社，2012.

［42］［美］络德睦.法律东方主义：中国、美国与现代法［M］.魏磊杰，译.北京：中国政法大学出版社，2016.

［43］［英］乌彭德拉·巴克西.殖民主义传统［M］//［法］皮埃尔·勒格朗，［英］罗德里克·盲斯.比较法研究：传统与转型［M］.李晓辉，译.北京：北京大学出版社，2011.

［44］［英］尼尔·弗格森.西方的衰落［M］.米拉，译.北京：中信出版社，2013.

［45］［美］卞历南.制度变迁的逻辑：中国现代国营企业制度之形成［M］.杭州：浙江大学出版社，2011.

［46］［美］希·卡恩，［美］伊丽莎白·明尼克.鸡窝里的狐狸：私有化是怎样威胁民主的［M］.肖聿，译.北京：中国社会科学出版社，2007.

［47］［英］张夏准.经济学的谎言：为什么不能迷信自由市场主义［M］.孙建中，译.北京：新华出版社，2014.

［48］［英］乔·史塔威尔.亚洲大趋势：中国和新兴经济体的未来［M］.蒋宗强，译.中信出版社，2014.

［49］［日］顾琳.中国的经济革命：二十世纪的乡村工业［M］.王玉茹，等译.南京：江苏人民出版社，2010.

［50］［英］安格斯·麦迪森.中国经济的长期表现：公元960-2030年［M］.伍晓鹰，等译.上海：上海人民出版社，2016.

［51］［美］费正清.伟大的中国革命［M］.刘尊棋，译.北京：世界知识出版社，2003.

［52］［美］阿里夫·德里克.全球化与国家发展：中国革命的视角［M］.李百玲，译［M］//杨雪冬.全球化与社会主义的想象力.

重庆：重庆出版社，2009.

[53]［美］米德尔·洛克，小欧内斯特·帕索尔.美国农业项目的扩张［M］//［美］费希拜克，等.美国经济史新论：政府与经济.张燕，等译.北京：中信出版社，2013.

[54]［英］罗思义.一盘大棋？：中国新命运解析［M］.南京：江苏凤凰文艺出版社，2016.

[55]［西班牙］张莹莹，周禹.中国创新模式［M］.漆思媛，译.北京：中国人民大学出版社，2018.

[56]［英］马丁·雅克.大国雄心：一个永不褪色的大国梦［M］.北京：中信出版社，2016.

[57]［德］韩博天.红天鹅：中国独特的治理和制度创新［M］.石磊，译.北京：中信出版社，2018.

[58]［法］居伊·德·容凯尔.中国的高科技战略到底能够挑战谁［M］.杨莉，编译//观中国：《国际中国研究动态》精选集.北京：中国社会科学出版社2016年版，第450页。

[59]［英］克里斯多夫·J.福斯特.中国的秘密武器？——科学政策与全球实力［M］//［美］乔舒亚·库柏·雷默，等.中国形象：外国学者眼里的中国.北京：社会科学文献出版社，2008.

[60]［美］史蒂芬·罗奇.失衡：后经济危机时代的再平衡［M］.易聪，等译.北京：中信出版社，2014.

[61]［美］邹至庄.中国经济转型［M］.徐晓云，等译.北京：电子工业出版社，2017.

[62]［美］叶恩华，［澳］布鲁斯·马科恩.创新驱动中国［M］.陈召强，等译.北京：中信出版社，2016.

[63]［德］弗朗克·西伦.恐慌与偏见：西方世界对一个崛起大

国的复杂情感［M］. 许文敏，译. 北京：新华出版社.

　　［64］［英］乔·史塔威尔. 亚洲大趋势：中国和新兴经济体的未来［M］. 蒋宗强，译. 北京：中信出版社，2014.

　　［65］［德］弗朗克·泽林. 中国密码［M］. 强朝晖，译. 贵阳：贵州人民出版社，2010.

　　［66］［美］乔·布莱滋尼茨，［美］迈克尔·默夫里. 红皇后的奔跑：政府、创新、全球化和中国经济增长［M］. 柳卸林，等译. 北京：经济管理出版社，2013.

　　［67］［法］居伊·德·容凯尔. 中国的高科技战略到底能够挑战谁［M］. 杨莉，编译//观中国：《国际中国研究动态》精选集. 北京：中国社会科学出版社，2016.

　　［68］［美］威廉·科瓦西奇，［英］林至人，［英］德里克·莫里斯. 以竞争促增长：国际视角［M］. 北京：中信出版社，2017.

　　［69］［英］傅晓岚. 中国创新之路［M］. 李纪珍，译. 北京：清华大学出版社，2017.

　　［70］［美］艾米·蔡. 大国兴亡录［M］. 刘海青，杨礼武，译. 北京：新世界出版社，2013.

　　［71］［美］谢德华. 中国的逻辑：为什么中国的崛起不会威胁西方［M］. 曹槟，等译. 北京：中信出版社，2015.

　　［72］［美］阿尔·戈尔. 未来——改变全球的六大驱动力［M］. 冯洁音，等译. 上海：上海译文出版社，2014.

　　［73］［美］斯图尔特·L. 哈特. 十字路口的资本主义［M］. 李麟，等译. 北京：中国人民大学出版社，2012.

　　［74］［德］赫尔穆特·彼得斯. 中国政治：在追求原有目标进程中的战略转变［M］//王新颖. 奇迹的建构：海外学者论中国模式. 北

京：中央编译出版社，2011.

［75］［美］李淯．美国能向中国学什么［M］．章晓英，译．北京：红旗出版社，2012.

［76］［英］马丁·沃尔夫．中国开启新的改革时代［M］//读懂中国：海外知名学者谈中国新时代．天津：天津人民出版社，2019.

［77］［日］和中清．奇迹：发展背后的中国经验［M］．北京：东方出版社，2019.

［78］［美］白瑞琪．不平等中的平等——皮凯蒂《21世纪资本论》如何适用于中国［M］．唐磊，编译//杨莉，等．观中国：《国际中国研究动态》精选集．北京：中国社会科学出版社，2016.

［79］［美］安格斯·迪顿．逃离不平等：健康、财富与不平等的起源．崔传刚，译．北京：中信出版社．

［80］［美］高隶民．新时代中国为世界树立发展典范［M］//读懂中国：海外知名学者谈中国新时代．天津：天津人民出版社，2019.

［81］［美］阿马蒂亚·森．中国在寻求全球正义中的角色［M］//高小勇．为什么是中国：诺贝尔经济学大师眼中的中国与中国经济．贵阳：贵州人民出版社，2017.

［82］［英］彼得·诺兰．十字路口：疯狂资本主义的终结和人类的未来［M］．丁莹译，北京：中信出版社，2011.

［83］［美］芮乐伟·韩森．开放的帝国：1600前的中国历史［M］．梁侃，邹劲风，译．南京：江苏人民出版社，2007.

［84］［美］陆威仪．世界性的帝国：唐朝［M］．张晓东，等译．北京：中信出版社，2016.

［85］［英］保罗·肯尼迪．大国的兴衰［M］．王保存，等译．北京：中信出版社，2013.

［86］［英］詹姆斯·费尔格里夫. 地理与世界霸权［M］. 杭州：浙江人民出版社，2016.

［87］［美］西蒙·赖克，［英］理查德·内德·勒博. 告别霸权：全球体系中的权力与影响力［M］. 陈锴，译. 上海：上海人民出版社，2017.

［88］［美］格雷厄姆·艾利森. "修昔底德陷阱"是理解中美关系的最佳视角［M］//方晋. 查尔斯河畔论中国崛起. 北京：中信出版社，2017.

［89］［美］安乐哲. 和而不同：中西哲学的会通［M］. 温海明，译. 北京：北京大学出版社，2009.

英文文献：

［1］BELL D A. The China Model：Political Meritocracy and the Limits of Democracy［M］. Princeton：Princeton University Press，2015.

［2］BRAMALL C. In Praise of Maoist Economic Planning：living standards and economic development in Sichuan since 1931［M］. Oxford：Oxford University Press，1993.

［3］BROMLEY D W. Property Rights and Land in Ex-Socialist States［M］// Developmental Dilemmas：Land Reform and Institutional Change in China，London：Routledge，2005.

［4］FENBY J. Will China Dominate the 21st Century［M］. Cambridge：Polity Press，2014.

［5］FERGUSON N. The Great Degeneration：How institutions Decay and Economies Die［M］. London：Penguin Press，2013.

［6］ MACFARQUHAR R, SCHOENHALS M. Mao´s Last Revolution ［M］. Cambridge: Belknap Press of Harvard U P, 2006.

［7］ MAHBUBANI K. Beyond the Age of Innocence: Rebuilding Trust between America and the World ［M］. New York : Public Affairs, 2005.

［8］ MEISNER M. Mao´s China and after : a history of the People´s Republic ［M］. New York : Free Press, 1999.

［9］ NAPOLEONI L. Maonomics: Why Chinese Communists Make Better Capitalists Than We Do ［M］. New York: Seven Stories Press, 2012.

［10］ SOOKSRIPAISARNKIT P, GARIMELLA S R. The role of private international law in the context of the One Belt One Road initiative ［M］ // China´s One Belt One Road Initiative and Private International Law. New York: Routledge , 2018.

期刊

［11］ AHLERS A L, SCHUBERT G. Strategic Modelling: "Building a New Socialist Countryside" in Three Chinese Counties ［J］. The China Quarterly, 2013, 216.

［12］ BACKER L C. The Rule of Law, the Chinese Communist Party, and Ideological Campaigns: Sange Daibiao, Socialist Rule of Law, and Modern Chinese Constitutionalism ［J］. Transnational Law and Contemporary Problems, 2006, 16 (1).

［13］ BUTT K M, SAJID S. Chinese Economy under Mao Zedong and Deng Xiaoping ［J］. Journal of Political Studies, 2018, 25.

［14］ CHEW P K. The Rule of Law: China´s Skepticism and the Rule of

People [J]. Ohio State Journal on Dispute Resolution, 2005, 20.

[15] D'ALPAOS C. The Privatization of Water Services in Italy: Make or Buy, Capability and Efficiency Issues [J]. Springer, Cham, 2018.

[16] DAM K W. China as a Test Case: Is the Rule of Law Essential for Economic Growth? [J]. SSRN Electronic Journal, 2006 (1).

[17] DING X, ZHONG D Y. Towards a thick description of Chinese family and political culture: Confucianism, socialism and liberalism in China [J]. Frontiers of Law in China, 2014, 9 (3).

[18] DUTT G. Some Problems of China's Rural Communes [J]. The China Quarterly, 1963, 16.

[19] ELOOT K, HUANG A, LEHNICH M. A new era for manufacturing in China [J]. McKinsey Quarterly, 2013.

[20] GAO M. Whither Rural China? A Case Study of Gao Village [J]. The China Quarterly, 2017, 229.

[21] HOLBIG H. Remarking the CCP 's ideology: Determinants, Progress, and Limits under Hu Jintao [J]. Journal of Current Chinese Affairs, 2009, 38 (3).

[22] HUM D. Empty Talk or Strategic Words? Illuminating China's Approach to the South China Sea Through Its Speeches [J]. Asian Journal of Public Affairs, 2019, 11 (2).

[23] KA KJØLLESDAL, WELLE-STRAND A. Foreign Aid Strategies: China Taking Over? [J]. Asian Social Science, 2010, 6 (10).

[24] LARDY, N R. Markets Over Mao: The Rise of Private Business in China [J]. Washington, D. C.: Peterson Institute for International Economics, 2014.

［25］李恩民. China's foreign aid in Africa since 1956 ［J］. Quarterly Bulletin of Third World Studies, 2011, 51.

［26］LI Z, WU X. Social Policy and Political Trust: Evidence from the New Rural Pension Scheme in China ［J］. The China Quarterly, 2018, 235.

［27］NICHOLA M. Thirsty for a Solution: Using the Rural Electrification Administration Model to Resolve the Failure of Privatization of Water Utilities in Bolivia ［J］. Fla. A&M U. L. Rev, 2013, 8.

［28］NOLAN P H. China at the Crossroads ［J］. Journal of Chinese E- conomic and Business Studies, 2005, 3 (1).

［29］PANG W, PLUCKER J A. Recent Transformation in China's Economic, Social, and Education Policies for Promoting Innovation and Crea- tivity ［J］. The Journal of Creative Behavior, 2013, 46.

［30］PEERENBOOM R. Fly High the Banner of Socialist Rule of Law with Chinese Characteristics: What Does the 4th Plenum Decision Mean for Legal Reforms in China? ［J］. Hague Journal on the Rule of Law, 2015, 7.

［31］QIAO F, ROZELLE S, HUANG J, ET AL. Road Expansion and Off-Farm Work in Rural China ［J］. The China Quarterly, 2014, 21. .

［32］SWAINE M D. China's Assertive Behavior Part Four: The Role of the Military in Foreign Crises ［J］. China Leadership Monitor, 2012 (37).

［33］SWAINE M D. Enough Tough Talk on China ［J］. National Inter- est, 2011.

［34］YIU L, ADAMS J. Reforming Rural Education in China: Under- standing Teacher Expectations for Rural Youth ［J］. The China Quarterly, 2013, 216.

其他

［35］FURLANIS F M. China In. The role of State——Owned Enterprises and of the State Assets Supervision and Administration Commission (SASAC) in the Chinese economy ［D］. 上海：复旦大学，2013.

［36］HAYEK F A. Decline of the Rule of Law ［EB/OL］. (2019-11-19). https：//mises. org/print/4381.

［37］WIGHT J. Imperialism Not Democracy Drives Western Foreign Policy ［EB/OL］. (2018-01-31). https：//sputniknews. com/radio_ hard_ facts/201801311061223635-imperialism-russia-china-us-defense-secretary-mattis-new-cold-war/.

后　记

　　新中国成立以来，中国社会主义事业不断发展并取得巨大成就，引起国际社会广泛、持续的关注。尤其是新时代以来，海外学界对中国的关注度越来越高，越来越多的海外学者投入对中国的研究中，相关专著、论文、评论、报告数量逐年增长，且视角越来越广、分析越来越深。与此同时，西方发达国家、中国周边国家、其他发展中国家对中国发展的关注各有差异，不同国家的学者出于国家利益和意识形态，对中国发展的态度也有显著不同。在国际社会的高度关注下，中国正在逐渐形成多维立体、总体正面的国际形象。

　　习近平总书记在哲学社会科学工作座谈会上强调，支持国外学会、基金会研究中国问题，加强国内外智库交流，推动海外中国学研究。他山之石，可以攻玉。国内学者对海外中国学的研究既可以深化中国特色社会主义的理论研究，又能够从宏观上把握中国的国际形象，还能够从国际视野中获得中国发展的启示和经验。当然，国外也存在着对中国特色社会主义的误解和偏见。在评析海外成果的过程中，我们要坚定中国立场和中国自信，既能够把握国外对中国的正面评价，又能够对各种偏见、误解乃至敌意做出回应和批判。

　　本书主要从中国改革开放前后两个时期的关系、中国共产党的政治领导、中国特色社会主义民主政治、中国特色社会主义法治道路、国有企业的改革与发展、中国农村土地制度、社会主义生态文明建设、中国全面建成小康社会、中国坚持和平发展道路九个维度对海外中国学的研究成果进行梳理，重点总结了国外学者对中国发展的积极评价，涉及中国发展的历史成就、基本经验和世界意义，旨在用"外国人笔下的中国故事"充实高校思政课教学资源，从国际比较和全球视野讲好中国故事，增强青年读者和学生对中国特色社会主义的认同。

本书是教育部哲学社会科学基金青年课题《海外中国学研究成果用于高校思政课教学资源的路径研究》的最终成果。感谢我的导师、中国社会科学院金民卿研究员的关心和指导，感谢北京科技大学马克思主义学院领导和同事的帮助，感谢我的家人的支持和理解。

于国辉